D1833312

अघोषित उलगुलान

अनुज लुगुन

अघोषित उलगुलान

राजकमल प्रकाशन

राजकमल पेपरबैक्स में पहला संस्करण 2023 में प्रकाशित

ISBN : 978-93-6086-899-4

मूल्य : ₹595

© अनुज लुगुन

पहला संस्करण : 2024

प्रकाशक : राजकमल प्रकाशन प्रा. लि.
1-बी, नेताजी सुभाष मार्ग, दरियागंज
नई दिल्ली-110 002
द्वारा प्रकाशित

शाखाएँ : अशोक राजपथ, साइंस कॉलेज के सामने, पटना-800 006
पहली मंजिल, दरबारी बिल्डिंग, महात्मा गांधी मार्ग, प्रयागराज-211 001
1, अनमोल सोराबजी संतुक लेन, धोबी तलाव, मरीन लाइंस, मुम्बई-400 002

वेबसाइट : www.rajkamalprakashan.com
ई-मेल : info@rajkamalprakashan.com

मुद्रक : विकास कंप्यूटर एंड प्रिंटर्स
ट्रॉनिका सिटी-201 102

AGHOSHIT ULGULAN
Poetry by Anuj Lugun

इस पुस्तक के सर्वाधिकार सुरक्षित हैं। प्रकाशक की लिखित अनुमति के बिना इसके किसी भी अंश की फ़ोटोकापी एवं रिकॉर्डिंग सहित इलेक्ट्रॉनिक अथवा मशीनी, किसी भी माध्यम से अथवा ज्ञान के संग्रहण एवं पुनर्प्रयोग की प्रणाली द्वारा, किसी भी रूप में, पुनरुत्पादित अथवा संचारित-प्रसारित नहीं किया जा सकता।

पुरखों के गीतों के नाम
जिनमें जंगल की लय के लिए
कुर्बानी की कथाएँ हैं

'महाख्यान' के छल का प्रतिरोध और अस्तित्व

परम्परा और इतिहास कभी खंडित नहीं होते। भले ही इन्हें उपेक्षित कर दिया जाए या इन्हें मिटाने की कोशिश की जाए। परम्परा और इतिहास की कोई एक धारा नहीं होती। ये नदियों के जाल-तंत्र की तरह होती हैं जो अपने तटों को सींचती और पल्लवित करती हैं और समुद्र को जन्म देती हैं। नदी, नदी होती है लेकिन मानव-जाति के कुछ वर्चस्वकारी वर्गों के द्वारा नदियों का भी विभाजन कर दिया जाता है। कुछ नदियाँ श्रेष्ठ घोषित कर दी जाती हैं, उन्हें देवत्व के स्थान तक ला दिया जाता है और कुछ नदियाँ महत्त्वहीन कर दी जाती हैं। परम्परा और इतिहास के साथ भी ऐसा ही व्यवहार किया जाता है। जब दो भिन्न परम्पराएँ और इतिहास टकराते हैं तो हमेशा विजेता वर्ग की परम्परा और उसका इतिहास ही स्थापित होता है। विजयी होने की प्रक्रिया भाषा और संस्कृति के द्वारा स्थायी होती है। इसी प्रक्रिया में विजेता वर्ग मिथकों का निर्माण करता है। वह मिथकों के द्वारा विजितों का विरूपीकरण करता है और अन्ततः एक सांस्कृतिक उपनिवेश क़ायम हो जाता है। लेकिन जैसा कि शुरू में ही कहा गया कि ये खंडित नहीं होते अर्थात् विजितों की परम्परा और इतिहास भले ही मुख्यधारा से विस्थापित हो जाते हैं लेकिन वे अपनी जनता की स्मृतियों में लगातार सक्रिय रहते हैं, मौन होकर अपना प्रतिरोध गढ़ते रहते हैं। दरअसल विजितों के बचे अस्तित्व इस बात के सूचक होते हैं कि वे अपनी परम्परा और इतिहास को तमाम उपेक्षाओं के बावजूद सँजोकर रखे हुए हैं। जीवन की दिनचर्या में लगातार संघर्ष करते हुए वे अपनी परम्परा और इतिहास से संवाद करते रहते हैं। यहाँ यह

ग़ौरतलब होना चाहिए कि यदि परम्परा और इतिहास खंडित नहीं हैं, इसका मतलब है कि संघर्ष अन्त:सलिला की तरह अब भी जारी है। किसी ऐतिहासिक घटना के बाद भले ही वस्तुगत परिस्थितियाँ बदल जाती हैं लेकिन संघर्ष ख़त्म नहीं हो जाता है। उदाहरण के लिए, यदि छल से एकलव्य का अँगूठा छीन लिया गया (वर्चस्वकारी समूह इसे 'अँगूठा दान' कहता है) लेकिन उससे एकलव्य का संघर्ष ख़त्म नहीं हुआ, उसकी जिजीविषा ख़त्म नहीं हुई। उसने उसका विकल्प खोज निकाला। तीरन्दाजी का ऐसा विकल्प जिसमें अँगूठा ही प्रयुक्त न हो। और देखते-ही-देखते आदिवासी समाज ने अपने पूर्वज के अनुसरण पर तीरन्दाजी का एक वैकल्पिक स्वरूप खड़ा कर दिया। बिना अँगूठे की तीरन्दाजी का साहसिक इतिहास रच डाला। विजेताओं की सांस्कृतिक स्थापनाओं के बावजूद विजितों की परम्परा और इतिहास ऐसे ही जीवित रहते हैं। यह प्रतिरोध है, यह स्थापित के प्रति विद्रोह है। इसे ही आदिवासियों के पुरखा ने 'उलगुलान' कहा। यह उलगुलान 19वीं सदी के अन्तिम दशकों की कोई एक ऐतिहासिक घटना मात्र नहीं बल्कि यह तो आज भी दैनंदिन जीवन में रोज़ जारी है। फ़र्क़ सिर्फ़ उसके संगठन का है और उसकी उद्‌घोषणा का है। अगर दमन और वर्चस्व है तो उलगुलान भी है।

हम ऐसी दुनिया में रहते हैं जो नदियों के जाल-तंत्र का सम्मान नहीं करती। यह अपनी किसी एक नदी को श्रेष्ठ मानती है और समुद्र पर अपना निजी दावा पेश करती है। यह मनुष्यता के लिए तो अहितकारी है ही, पारिस्थितिकी के लिए भी हानिकारक है। पारिस्थितिकी का स्वभाव ही है बहुलता। आदिवासी उसे सहजीविता कहते हैं। यदि हम आदिवासी समाज की परम्परा और इतिहास के सन्दर्भ में इसे देखें तो पाते हैं कि जिस तरह नदियों के जाल-तंत्र को स्वीकार नहीं किया जाता वैसे ही आदिवासी परम्परा और इतिहास को स्वीकार नहीं किया जाता। उसे किसी बड़ी धारा की उप-धारा की तरह पेश किया जाता है। इससे मनुष्यता और पारिस्थितिकी दोनों का हित नहीं हुआ है। नदियों के जाल-तंत्र को नहीं मानना मतलब अपनी नदी को श्रेष्ठ मानना और अपनी नदी को श्रेष्ठ मानना मतलब अन्य नदियों की अस्मिता व अस्तित्व को नकारना है। श्रेष्ठताबोध में जहाँ नकार है वहीं संकट

है। यह औपनिवेशिक व्यवहार है। यही हिंसा और अमानवीयता को जन्म देता है। यह व्यवहार समाज में सदियों से जारी है। आदिवासी समाज के साथ तो यह व्यवहार 'दया-दृष्टि' और 'उपकार की हिंसा' के साथ जारी है। यह ऐसी दृष्टि है जिसके विरुद्ध की गई प्रतिक्रिया स्वाभाविक रूप से असामाजिक हो जाती है। क्या इसीलिए आदिवासी समाज को पिछड़ा, बर्बर, असभ्य और जंगली नहीं कहा गया? क्या श्रेष्ठताबोध की सिद्धि के लिए ही कथित शास्त्रों में 'दया-दृष्टि' की योजना नहीं की गई है? अपनी स्वायत्त अस्मिता की माँग को क्या इसी 'दया-दृष्टि' ने असामाजिक नहीं बनाया है?

यह परम्परा और इतिहास का सवाल है, इसकी सांस्कृतिक अभिव्यक्ति वाचिकता में है। इसकी वाचिकता नये युग-सन्दर्भों के साथ काग़ज़ और क़लम में अभिव्यक्त हो रही है। यह उलगुलान का नया स्वरूप है जहाँ तीर की ताक़त काग़ज़ और क़लम में उतर रही है। आदिवासी वाचिकता की विशाल सम्पदा है। यह उनकी मातृभाषाओं की थाती है। उनकी मातृभाषा को न देवताओं ने समझने की जुर्रत की और न ऋषियों-मुनियों ने उसे उपयुक्त माना। उस वाचिकता को, उस वाचिकता के दर्शन को शास्त्र-सम्मत दर्शन के सामने रखकर अध्ययन की ज़िद हो तो हम पाएँगे कि एक उपेक्षित परम्परा और इतिहास अन्त:सलिला की तरह तटों की हरियाली को बनाए रखने का संघर्ष कर रहे हैं। दुनिया की कोई भी कविता—परम्परा और इतिहास के इस द्वंद्व को नकार कर मनुष्यता की बात नहीं कर सकती है। वह या तो इस द्वंद्व की उपज होगी या उसका सौन्दर्य इसी द्वंद्व से उपजा सौन्दर्य होगा।

आदिवासी कविता परम्परा और इतिहास के द्वंद्व से उपजी कविता है। पहले यह वाचिकता में रही और अब यह लिखित होकर मुखर रूप में सामने आ रही है। यह लिखने के लिए अपनी मातृभाषा सहित उसके दायरे का अतिक्रमण करती हुई सामने आ रही है। उसके लिए भाषा का संघर्ष अस्तित्व के संघर्ष की तरह ही जटिल है। उस जटिलता से मुक्त होने की बेचैनी में ही वह मातृभाषाओं सहित अन्य भाषाओं में भी व्यक्त हो रही है। हिन्दी समाज सिर्फ़ हिन्दी भाषा में अभिव्यक्त

आदिवासी कविताओं से संवाद कर पा रहा है। हिन्दी समाज ने अपने इस संवाद को 'विमर्श' का नाम दिया। यह आज 'आदिवासी साहित्यिक विमर्श' के नाम से लोकप्रिय हो रहा है। लेकिन यदि यह विमर्श आदिवासी परम्परा और इतिहास से निरपेक्ष होगा तो उसके विकास के लिए ख़तरा होगा। तब या तो इस विमर्श का अवसान किसी कथित 'ग्रैंड नैरेटिव' या 'ग्रेट ट्रेडिशन' में उसकी उपधारा की तरह कर दिया जाएगा या, यह अस्मिता का संकीर्ण घेरा बनाकर आत्मघाती हो जाएगा। वाचिकता, जिसमें कि परम्परा और इतिहास की प्रेरणा और विश्व-दृष्टि है वह समकालीन दुनिया से लड़ने के लिए प्रतिरोध की सृजनात्मक चेतना से लैस है। यह चेतना न केवल अतीत के ऐतिहासिक अन्याय को समझने की दृष्टि देती है बल्कि वर्तमान के अस्तित्व-संकट के विरुद्ध संघर्ष में सहचरों की खोज की भी दृष्टि देती है।

आदिवासी कविताओं में उलगुलान की दृष्टि यहीं से आती है। आदिवासी कविताओं का उलगुलान परम्परा और इतिहास की तहों में मौजूद प्रभु वर्ग, वर्तमान की आततायी सत्ता और सभ्यता की हिंसा के विरुद्ध सहजीवी पहल है। यह अन्त:सलिला की तरह मौजूद अपनी परम्परा और इतिहास की दार्शनिक ज़मीन पर खड़ी होकर ही अस्मिता और अस्तित्व का संघर्ष कर रही है। यह जल, जंगल, ज़मीन की लड़ाई का सोता है।

यह ग़ौरतलब होना चाहिए कि आदिवासी समाज अपनी वाचिकता और पुरखा स्मृतियों से जितना गहरा जुड़ा रहेगा उसकी अभिव्यक्ति वर्तमान सत्ता-संरचना का प्रतिपक्ष गढ़ती रहेगी। लेकिन ज्यों ही वह पूँजीवादी व्यवस्था में विन्यस्त मध्यवर्गीय जीवन-शैली की संकीर्णता में ढलता जाएगा, वह अपने सहजीवी मूल्यों से दूर होता जाएगा। ऐसे में आदिवासी 'व्यक्ति' के रूप में ख़ुद को तो बचा लेगा लेकिन 'आदिवासियत' के रूप में अपनी 'सहजीविता' खो देगा। वैयक्तिक महत्त्वाकांक्षा या वैयक्तिक प्रदर्शनप्रियता घुन की तरह उसकी आदिवासियत को खोखला कर देगी। आदिवासी वाचिकता अर्थात् स्वायत्तता को संरक्षित करने वाले संवैधानिक प्रावधान पाँचवीं और छठी अनुसूची के रूप में हमारे देश में मौजूद हैं लेकिन वैश्वीकरण के

हमलों के दौर में इन संवैधानिक प्रावधानों की जिस तरह से साज़िशन उपेक्षा की जा रही है उससे तो यह प्रतीत होता है कि वाचिकता के बिना आदिवासी मनोजगत बहुत जल्दी पूँजीवादी मूल्यों की गिरफ़्त में चला जाएगा। आदिवासी समाज की दार्शनिक स्थिति अभी ऐसी है कि वह विचारधारा के रूप में पूँजीवाद की विरोधी है। अभी यह विरोध की स्थिति विस्थापन की प्रत्यक्ष यंत्रणाओं की वजह से सहज और स्वाभाविक है लेकिन जैसे ही पूँजीवादी मूल्य जो कि रोज़ हमारी दिनचर्या पर हमला कर रहे हैं आदिवासी मनोजगत पर पैठ बना लेंगे, तब उनसे बच पाना चुनौतीपूर्ण होगा। तब आदिवासी समाज का संघर्ष और जटिल हो जाएगा। आदिवासी कविता को इन बिन्दुओं पर सतर्कता के साथ आत्मलोचन करते हुए और आत्म-संघर्ष करते हुए आगे बढ़ना होगा। ज्यों ही आदिवासी कविता इस दिशा में आगे बढ़ेगी वह अस्मिता की ज़मीन पर खड़ी होकर भी उसका अतिक्रमण कर जाएगी। और तब वह अपने सहधर्मी-सहचरों को खोज पाएगी और सहजीवी समाज के निर्माण में ऐतिहासिक भूमिका अदा करेगी।

'अघोषित उलगुलान' काव्य-संकलन को लगभग छह साल पहले प्रकाशित हो जाना चाहिए था। प्रकाशन क्रम में इसे पहला संग्रह होना चाहिए था। लेकिन एक प्रकाशक की कृपा से अनुबन्ध के बावजूद यह प्रकाशित नहीं हो सका। अब उसकी कथा का कोई औचित्य नहीं, सो उसका पटाक्षेप! इस दिशा में राजकमल प्रकाशन की पहल ने प्राण फूँका। अन्यथा मैंने मान लिया था कि यह संग्रह अब अप्रकाशित ही रहेगा। पिछले एक दशक में काफ़ी कुछ बदल चुका है लेकिन परम्परा और इतिहास का द्वंद्व नहीं बदला। बल्कि इस दौर में यह द्वंद्व और तीखा हुआ है। यह द्वंद्व जितना स्थानीय स्तर पर है उतना ही वैश्विक स्तर पर भी है। कथित 'ग्रेट ट्रेडिशन' वाले वैश्विक धरातल पर दजला-फरात की घाटियों से लेकर, लातिनियों, अफ्रीकियों और एशियाई लोगों के भूगोल तक फैलते हुए 'सभ्यताओं का संघर्ष' जैसे नैरेटिव गढ़कर वह नदियों के जाल-तंत्र पर हमले कर रहा है और देसी ज़मीन पर मनुवाद की प्रतिक्रियावादी फ़सलें बो रहा है। आज यह द्वंद्व कई स्तरों पर कई स्वरूपों में चल रहा है। यह किसी आदिवासी

को 'जंगली' या 'नक्सली' कहने से लेकर किसी आम फिलिस्तीनी या आम मुसलमान को 'फिदायीन' कहने तक फैला हुआ है। इस संग्रह में मेरी शुरुआती दौर की कविताएँ हैं (बाद की कविताएँ 'बाघ और सुगना मुंडा की बेटी' और 'पत्थलगड़ी' में प्रकाशित हुई हैं) साथ ही कुछ नई कविताएँ भी हैं। कोशिश है कि नई-पुरानी कविताएँ परम्परा और इतिहास के द्वंद्व को वर्तमान की चुनौतियों के साथ कलात्मक रूप में अभिव्यक्त करें। मैं काव्य-संग्रह के प्रकाशन के लिए राजकमल प्रकाशन के प्रति, ख़ासकर सत्यानन्द निरुपम जी के प्रति विशेष आभार प्रकट करता हूँ। हूल जोहार!

05 जून, 2023

—अनुज लुगुन

क्रम

अघोषित उलगुलान

अघोषित उलगुलान

अल सुबह दांडू[1] का काफ़िला
रुख़ करता है शहर की ओर
और साँझ ढले वापस आता है
परिन्दों के झुंड-सा

अजनबीयत लिये शुरू होता है दिन
और कटती है रात
अधूरे सनसनीखेज़ क़िस्सों के साथ
कंक्रीट से दबी पगडंडी की तरह
दबी रह जाती है
जीवन की पदचाप
बिलकुल मौन!

वे जो शिकार खेला करते थे निश्चिन्त
ज़हर-बुझे तीर से
या खेलते थे
रक्त-रंजित होली
अपने स्वत्व की आँच से
खेलते हैं शहर के
कंक्रीटीय जंगल में
जीवन बचाने का खेल

1. एक पात्र का नाम।

शिकारी शिकार बने फिर रहे हैं शहर में
अघोषित उलगुलान में
लड़ रहे हैं जंगल

लड़ रहे हैं ये
नक़्शे में घटते अपने घनत्व के ख़िलाफ़
जनगणना में घटती संख्या के ख़िलाफ़
गुफाओं की तरह टूटती
अपनी ही जिजीविषा के ख़िलाफ़

इनमें भी वही आक्रोशित हैं
जो या तो अभावग्रस्त हैं
या तनावग्रस्त हैं
बाक़ी तटस्थ हैं
या लूट में शामिल हैं
मंत्री जी की तरह
जो आदिवासियत का राग भूल गए
रेमंड का सूट पहनने के बाद

कोई नहीं बोलता इनके हालात पर
कोई नहीं बोलता जंगलों के कटने पर
पहाड़ों के टूटने पर
नदियों के सूखने पर
ट्रेन की पटरी पर पड़ी
तुरिया की लावारिस लाश पर
कोई कुछ नहीं बोलता

बोलते हैं बोलने वाले
केवल सियासत की गलियों में
आरक्षण के नाम पर
बोलते हैं लोग केवल
उनके धर्मांतरण पर

चिन्ता है उन्हें
उनके 'हिन्दू' या 'ईसाई' हो जाने की

यह चिन्ता नहीं कि
रोज कंक्रीट के ओखल में
पिसते हैं उनके तलवे
और लोहे की ढेंकी में
कुटती है उनकी आत्मा

बोलते हैं लोग केवल बोलने के लिए

लड़ रहे हैं आदिवासी
अघोषित उलगुलान में
कट रहे हैं वृक्ष
माफियाओं की कुल्हाड़ी से और
बढ़ रहे हैं कंक्रीटों के जंगल

दांडू जाए तो कहाँ जाए
कटते जंगल में
या बढ़ते जंगल में?

[2007]

एकलव्य से संवाद

एकलव्य की कथा सुनकर मैं हमेशा इस उधेड़बुन में रहा हूँ कि द्रोण को अपना अँगूठा देने के बाद उसकी तीरन्दाजी कहाँ गई? क्या वह उसी तरह का तीरन्दाज बना रहा या उसने तीरन्दाजी ही छोड़ दी? उसकी परम्परा का विकास आगे कहीं होता है या नहीं? इसके आगे की कथा का ज़िक्र मैंने कहीं नहीं सुना। लेकिन मैं महसूस करता हूँ कि रगों में संचरित कला किसी दुर्घटना के बाद एकबारगी समाप्त नहीं हो जाती है। हो सकता है अँगूठा कट जाने के बाद एकलव्य ने तर्जनी और मध्यमिका अँगुलियों के सहारे तीरन्दाजी का अभ्यास किया हो। क्योंकि मुझे ऐसा ही प्रमाण उड़ीसा के सीमावर्ती झारखंड के सिमडेगा जिले के मुंडा आदिवासियों में दिखाई देता है। इस सम्बन्ध में मैं स्वयं प्रमाण हूँ। (हो सकता है ऐसा हुनर अन्य क्षेत्र के आदिवासियों के पास भी हो) यहाँ के मुंडा आदिवासी अँगूठे का प्रयोग किए बिना तर्जनी और मध्यमिका अँगुली के बीच तीर को कमान में फँसाकर तीरन्दाज़ी करते हैं। रही बात इनके निशाने की तो इस पर सवाल उठाना व्यर्थ है। तीर से जंगली जानवरों के शिकार की कथा आम है। मेरे परदादा, पिताजी, माँ, भैया यहाँ तक कि मैंने भी इसी तरीक़े से तीरन्दाज़ी की है। मेरे लिए यह एकलव्य की खोज है और यह कविता इस तरह एकलव्य से एक संवाद।

1.

घुमन्तू जीवन जीते
उनका जत्था आ पहुँचा था
घने जंगलों के बीच
तेज बहती अनाम
पहाड़ी नदी के पास
और उस पार की कौतूहलता में

कुछ लोग नदी पार कर गए थे
और कुछ इधर ही रह गए थे
तेज प्रवाह के समक्ष अक्षम
तब तीर छोड़े गए थे
उस पार से इस पार
आख़िरी विदाई के
सरकंडों में आग लगाकर
और एक समुदाय बँट गया था
नदी के दोनों ओर

चट्टानों से थपेड़े खाती
उस अनाम नदी की लहरों के साथ
बहता चला गया उनका जीवन
जो कभी लहरों के स्पर्श से झूमती
जंगली शाखों की तरह झूम उठता था
तो कभी बाढ़ में पस्त
वृक्षों की तरह सुस्त होता था
लेकिन पानी के उतर जाने के बाद
मज़बूती से फिर खड़ा हो जाता था

उनके जीवन में संगीत था
अनाम नदी के साथ
सुर मिलाते पपीहे की तरह
जीवन पल रहा था

एक पहाड़ के बाद
दूसरे पहाड़ को लाँघते हुए
और घने जंगल में सूखे पत्तों पर हुई
अचानक चर्राहट से
उनके हाथों में धनुष
ऐसे ही तन उठता था।

2.

हवा के हल्के झोंकों से
हिले पत्तों की दरार से
तुमने देख लिया था मदरा मुंडा
झुरमुटों में छिपे बाघ को
और हवा के गुज़र जाने के बाद
पत्तों की पुन: स्थिति से पहले ही
उस दरार से गुज़रे
तुम्हारे सधे तीर ने
बाघ का शिकार किया था
और तुम हुर्रा उठे थे-
'जोवार सिकारी बोंगा जोवार!'[1]

तुम्हारे शिकार को देख
एदेल और उनकी सहेलियाँ
हँडिया का रस तैयार करते हुए
आज भी गाती हैं तुम्हारे स्वागत में गीत
'सेन्देरा कोड़ा कोआ कपि जिलिब-जिलिबा।'[2]

तब भी तुम्हारे हाथों धनुष
ऐसे ही तनी थी।

3.

घुप्प अमावस के सागर में
ओस से घुलते मचान के नीचे
रक्सा, डायन और चुड़ैलों के क़िस्सों के बीच
खेत की रखवाली करते हुए कांडे हड़म
तुमने जंगल की नीरवता को झंकृत करते नुगुरों के
संगीत की अचानक उलाहना को
पहचान लिया था और

1. जोवार शिकारी बोंगा—शिकारी बोंगा (देवता) तुम्हें जोहार, तुम्हें धन्यवाद,
2. सेंदेरा कोड़ा कोआ कपि जिलिब—जिलिबा-मुंडारी लोक गीत (शिकारी युवकों के फरसे चमकते हैं, वे सुन्दर लगते हैं।)

'चर्र-चर्र-चर्र' की समूह ध्वनि की
दिशा में कान लगाकर
अँधेरे को चीरता
अनुमान का सटीक तीर छोड़ा था
और सागर में अति लघु भूखंड की तरह
सनई की रोशनी में
तुमने ढूँढ़ निकाला था अपने ही तीर को
जो बरहे की छाती में जा धँसा था

तब भी तुम्हारे हाथों छुटा तीर
ऐसे ही तना था।

ऐसा ही हुनर था
जब डुम्बारी बुरू[1] से
सैकड़ों तीरों ने आग उगले थे
और छरहरे हाड़-मांस का बिरसा
अपने अद्‌भुत हुनर से
'आबा' कहलाया।

ऐसा ही हुनर था
जब मुंडाओं ने
बुरू इरगी[2] के पहाड़ पर
अपने स्वशासन का झंडा लहराया था।

4.

हाँ, एकलव्य!
ऐसा ही हुनर था

ऐसा ही हुनर था
जैसे तुम तीर चलाते रहे होगे

1. डुम्बारी बुरु—बिरसा मुंडा का युद्धस्थल,
2. बुरू इरगी—सिमडेगा ज़िले में एक स्थल, जहाँ मुंडाओं ने स्वशासन का झंडा लहराया था। वहाँ लोग आज भी जतरा मनाते हैं।

अँगूठा छिन जाने के बाद
दो अँगुलियों
तर्जनी और मध्यमिका के बीच
कमान में तीर फँसाकर

एकलव्य मैं तुम्हें नहीं जानता
तुम कौन हो
न मैं जानता हूँ तुम्हारा कुर्सीनामा[1]
और न ही तुम्हारा नाम अंकित है
मेरे गाँव की पत्थलगड़ी[2] पर
जिससे होकर मैं
अपने परदादा तक पहुँच जाता हूँ

लेकिन एकलव्य मैंने तुम्हें देखा है

मैंने तुम्हें देखा है
अपने परदादा और दादा की तीरन्दाज़ी में
भाई और पिता की तीरन्दाज़ी में
अपनी माँ और बहनों की तीरन्दाज़ी में
हाँ एकलव्य! मैंने तुम्हें देखा है
वहाँ से आगे
जहाँ महाभारत में तुम्हारी कथा समाप्त होती है।

5.

एकलव्य, मैंने तुम्हें देखा है
तुम्हारे हुनर के साथ
एकलव्य! मुझे आगे की कथा मालूम नहीं
क्या तुम आए थे
केवल अपनी तीरन्दाज़ी के प्रदर्शन के लिए
गुरु द्रोण और अर्जुन के बीच

1. कुर्सीनामा—वंशावली,
2. पत्थलगड़ी—मुंडा जीवन से मरण तक सांस्कृतिक अवसरों पर एवं अपने पूर्वजों के नाम पत्थर पर गाड़ते हैं।

या फिर तुम्हारे पदचिन्ह भी खो गए
मेरे पुरखों की तरह ही
जो जल, जंगल, ज़मीन के लिए
अनवरत लिखते रहे
जहर बुझे तीर से रक्त-रंजित शब्दहीन इतिहास

एकलव्य काश! तुम आए होते
महाभारत के युद्ध में अपने हुनर के साथ
तब मैं विश्वास के साथ कह सकता था
दादाजी ने तुमसे ही सीखा था तीरन्दाज़ी का हुनर
दो अँगुलियों के बीच
कमान में तीर फँसाकर

एकलव्य
अब जब भी तुम आना
तीर-धनुष के साथ ही आना
हाँ, किसी द्रोण को अपना गुरु न मानना
वह छल करता है

हमारे गुरु तो हैं
जंगल में बिचरते शेर, बाघ
हिरण, बरहा और वृक्षों के छाल
जिनसे सीखते-बतियाते
हमारी सधी हुई कमान
किसी भी कुत्ते के मुँह में
सौ तीर भरकर
उसकी जुबान बन्द कर सकती है।

[2007]

औरत की प्रतीक्षा में चाँद

उस रात आसमान को एकटक ताक़ते हुए
वह ज़मीन पर अपने बच्चों
और पति के साथ लेटी हुई थी
उसने देखा आसमान
स्थिर, शान्त और सूनेपन से भरा है
तब वह कुछ सोचकर
अपनी चूड़ियाँ, बालियाँ,
बिंदी और थोड़ा-सा काजल
उसके बदन पर टाँक आई
और आसमान पहले से ज़्यादा सुन्दर हो गया

रात के आधे पहर जंगल के बीच
जब सब कुछ पसर गया था
छोटी-छोटी पहाड़ियों की तलहटी में बसे
इस गाँव से होकर गुज़रती हवाओं को
वह अपने बच्चों और पति के लिए तराश रही थी
उसी समय चाँद उसके पास चुपके से आया
और बोला—
"सुनो! हज़ारों साल से ज़्यादा हो गए हैं
एक ही तरह से उठते-बैठते, चलते
खाते-पीते और बतियाते हुए

तुम्हारा हुनर मुझे नए तरीक़े से
सुन्दर और जीवन्त करेगा
तुम मुझे तराश दो!"

वह औरत अपने बच्चों
और पति की ओर देखकर बोली—
'मैं कुछ देर पहले ही पति के साथ
खेत से काम कर लौटी हूँ
और अभी-अभी अपने बच्चों और पति को सुलाई हूँ
सब सो रहे हैं, अब मुझे ही घर की पहरेदारी करनी है
इसलिए जब मैं ख़ाली हो जाऊँ
तब तुम्हारा काम कर दूँगी
अभी तुम जाओ'
और चाँद चला गया उस रात औरत की प्रतीक्षा में

चाँद आज भी उस औरत की प्रतीक्षा में है।

[22.03.2013]

कानअः रोंआ*-1

यहाँ औरतें पहुँचती हैं
जेठ की ढिठाई
या बरसात के बैरन दिनों में
सिर पर टोकरी और पीठ पर
अपने बच्चों को बेतराए हुए
राजधानी राँची से
राउरकेला स्टील प्लांट के लिए खुली सवारी ट्रेन
बमुश्किल रुकती है यहाँ दो मिनट,
ग़रीब और मोटी काली चमड़ी वालों के बीच
असहज महसूस करती हुई
जल्दबाजी में निकल जाती है धड़धड़ाती हुई

आधी सदी से ज़्यादा समय बीत गया है
'महा-जश्न' वाले दिन से आज तक
यहाँ नहीं रुकी कोई ट्रेन

---

* कानअः रोंआ—जंगल के बीच एक छोटा-सा स्टेशन है, यहाँ से उतरकर हमें अपने गाँव तक पैदल जंगल से होकर क़रीब आठ किलोमीटर की दूरी तय करनी होती है। गाँव के इस नाम की व्युत्पत्ति के पीछे एक कहानी कही जाती है। एक दिन 'कानअः' अपने बेटे के साथ जंगल लकड़ी लाने गया था। वहाँ बाघ ने उसे अपना शिकार बनाया। उसका बेटा वहीं बैठ कर रोता रहा। 'कानअः' यानी 'व्यक्ति का नाम' और 'रोंआ' अर्थात् 'आत्मा' इस तरह बना 'कानअः रोंआ' (कानअः की आत्मा) जिसे बाहरी लोगों ने उच्चारण की असमर्थता से 'कानारोंआ' कर दिया। आदिवासी भाषाओं का विकृत स्वरूप उनकी सांस्कृतिक पहचान को मिटाने में बहुत बड़ा कारक साबित हुआ है। दुर्भाग्य कि कई आदिवासी जगहों और नामों को सरकारी दस्तावेज़ों में विकृत कर दिया गया है।

दातुन, जामुन, केउन्द, साल, चिरोंजी
और लकड़ी बेचनेवाली औरतों की आँखों में झाँकने के लिए
राजधानी एक्सप्रेस के लिए तो ये सब अछूत हैं

सिर पर टोकरी और पीठ पर बच्चों को बेतराए हुए
अपनी देह का रंग और गाढ़ा करती हुईं
साल की घनी जंगली पगडंडियों से निकलती हैं
मज़बूत बाँहों वाली स्वाभिमानी रीझवर औरतें
उन्हीं में से किसी की पीठ पर झूलता हुआ
नन्हे पाँव डुलाता हुआ
उनके गीतों में रस भरता हुआ
मैं भी पहुँचता हूँ जीवन के उस छोटे से पड़ाव पर
और ट्रेन की खिड़कियों, दरवाज़ों से
यात्रियों की झाँकती हुई आँखें
स्टेशन मास्टर के दफ़्तर में लगी
उड़हुल के फूल नहीं
कौतुहूल से हमें देखती हैं
और उनमें से कुछ
हमारे 'आदिवासी' होने पर उपहास उड़ाने लगते हैं
कुछ हुल्लड़ मचाते हैं
अपने सभ्य होने के दंभ में
तब कानअ: के बेटे की आँखों की तरह
फूटने लगते हैं मेरी आँखों में गरम लावे
आदमख़ोर बाघों के लिए।

कानअ: रोंआ-2

वे उच्चारित नहीं कर सकते हैं 'कानअ: रोंआ'
हमारी भाषा की लय
उनके कंठ के लिए खुरदुरी है
वे चाहते भी नहीं कि
ठीक-ठीक उच्चारित किया जाए आदिवासी भाषाओं को
(चूँकि इसके लिए भाषा में नहीं
जीवन में आत्मीयता से उतरना होता है)

वे 'कानअ: रोंआ' का उच्चारण
नहीं कर सकते 'कानअ: रोंआ' की तरह
इसे वे 'कानारोंआ' कहेंगे
और एक झटके में सांस्कृतिक धरोहरों की जड़ उखाड़ देंगे
जैसे यह कान और लूल्ले-लँगड़ों की बस्ती हो

इसी तरह वे 'दुरंग दआ:' को नहीं कह सकते 'दुरंग दआ:'
इसे वे कहेंगे 'डोरंडा'
और एक गाती हुई नदी का अस्तित्व मिटा देंगे
वे 'जाला दआ:' को नहीं कह सकते 'जाला दआ:'
इसे वे 'जलडेगा' कहेंगे
और एक पुरखा इतिहास से विस्थापित कर दिया जाएगा

इसी तरह वे 'रेंची बुरू' को 'राँची' कहेंगे
'मुंडा चौक' उनके लिए 'पटेल चौक' हो जाएगा

हर वह जगह जिसके नाम के साथ
उसका ऐतिहासिक सन्दर्भ होगा
उसे वे दस्तावेजों में अपनी भाषा में लिपिबद्ध करेंगे
वे जैसा बोलते हैं वैसे ही लिखेंगे आदिवासी भाषाओं को भी
और यह सबसे आसान तरीक़ा होता है आदिवासियत को मिटाने का

वे हमारी भाषाओं को ठीक से उच्चारित नहीं कर सकते
लेकिन वे चाहते हैं कि
हम ठीक-ठीक उनकी भाषाओं का उच्चारण करें
और यह सिर्फ़ भाषा के बारे में नहीं
जीवन जीने के बारे में भी
वे हमसे ऐसा ही चाहते हैं।

[2013]

गुरिल्ले का आत्मकथन

1.

मैं एक कविता की
खोज में हूँ
जो ढूँढ़ निकाले
युद्ध के मैदान में
लैंड-माइन्स, बारूदी सुरंग
और छुपे हुए हमलावरों को

एक बच्चे की तरह
जो अपने मृत माँ-पिता
और स्वजनों के साथ ही
उस कविता के लिए रो रहा है
जो उसे वहाँ से बाहर निकाले।

2.

क्या युद्ध
हवाई जहाज़ों, युद्ध-पोतों, टैंकों
और अन्तत: दो राष्ट्राध्यक्षों के बीच
उनके हस्ताक्षर से लड़ा जाता है..?
मैं सोचता हूँ—
अगर 'हाँ' तो
हम कौन सी परिस्थितियों में जी रहे हैं..?

मैं अपनी बात मीडिया
और पत्रकार बंधुओं से कहता हूँ
वे हँसते हैं कि—'यह मेरी मूर्खता है'
उनके लिए इससे हास्यास्पद
और क्या हो सकता है कि
मेरे घर की मुर्गियाँ खो गईं
सूअर दड़बों सहित ग़ायब हैं
हल जोतते बैल या तो
खेत में समा गए हैं
या खेत दब गए होंगे गोबर से
नदी अपना रास्ता बदलकर
गाँव में घुस गई होगी
या पूरा गाँव ही नदी में डूब गया है

लेकिन मैं अपने स्वजनों को
खोजते हुए भटकता हूँ और अख़बार वालों को
पहले से कई गुना ज़्यादा विज्ञापन मिलने लगते हैं

मैं किसी राष्ट्राध्यक्ष को पत्र नहीं लिखूँगा
वह मेरा दोस्त नहीं है और न ही
वह मेरी प्रेम कहानी के बारे में कुछ जानता है
यह उसके लिए भी एक चुटकुला ही होगा
कि मुझे अपनी मुर्गियों से प्रेम है
जंगली लतरों, फलों और पहाड़ों से प्रेम है
मैं सूअरों, बैलों, भैंसों और गिलहरियों के
अचानक खो जाने से सदमे में हूँ
वह तो इन सबको अलग-अलग कर देखेगा
वह गाय के जीवन को अलग बाँट देगा
और वह हिंसा का कारण बन जाएगी
वह 'गंगा' कहेगा और दूसरी नदियाँ सड़ जाएँगी
वह गिलहरी, जंगली भैंसे, हाथियों और हमें

बाँटकर बताएगा जीवन की परिभाषा
जबकि हम इनके साथ ही
बेहतर दुनिया बसाना चाहते हैं
मेरे ऐसे पत्र पर वह हँसेगा और कहेगा कि
हमारी दुनिया आदिमता की काली दुनिया है

मैं अपने स्वजनों, साथियों को
मिलने के लिए कहता हूँ जंगल में
राष्ट्राध्यक्षों के शिखर सम्मेलन वाले दिन
उनसे कहता हूँ कि अब
कोई जंगल, नदी, पहाड़ और ज़मीन नहीं
पीछे हटने के लिए
कि एक हिस्से में आग लगी हो
तो दूसरे हिस्से में दाना चुगने चले जाएँ
हमारे बच्चे, हमारी बहनें
हमारे बूढ़े और हमारी औरतें
उसी जलती आग में रोज़ तपती हैं
आधुनिकता के घोर आदिम पाशविक संधि-पत्रों के ख़िलाफ़।

3.

रोज़ कोई हमें धकेलता है
युद्धभूमि की तरफ़
जो हमें धकेलता है
हम उसी से
लड़ने को तैयार हो जाते हैं

वह कहता है कि
हम युद्ध कर रहे हैं
हम जानते हैं कि
हम युद्ध में जाने से ख़ुद को रोक रहे हैं।

4.

एक चिड़ी जंगल की
पगडंडियों से गुज़रती है
और वहीं कहीं
होती है तिलिस्मी सुरंग
चिड़ीमार उसके पदचिन्हों का पीछा करते हुए
उसके गाँव तक पहुँचते हैं
और जब तक
उसके गाँव को नहीं जलाया जाता
तिलिस्मी सुरंग बारूदी सुरंग नहीं होती है।

5.

चिड़ीमार मेरी बूढ़ी माँ से पूछते हैं
मेरे जंगल का ठिकाना
मेरी माँ उनसे पूछती है कि
क्या उनकी बन्दूक़ से
कोई चिड़ा मर सकता है?

वे कहते हैं—'हाँ'

तो फिर मेरी माँ कहती है
उसे कुछ भी नहीं पता है।

6.

एक दिन एक चिड़ी ने
मुझसे आकर पूछा—
'तुम अपने कंधे पर बन्दूक़ टाँगे
रात-दिन, भूखे-प्यासे
जंगली पगडंडियों में भटकते हो
क्या तुम्हें इस तरह ख़ुशी मिलती है
जैसे मैं ख़ुश रहती हूँ गीत गाते हुए'

तब मैंने उसे हल्की मुस्कान दी
और कहा—
'मैं तुम्हारा ही तो गीत गाता हूँ।'

7.

कुछ यूँ ही बैठा हूँ
शाम के धुँधलके में
घर की चौखट पर अकेले
सभी अपने-अपने घरों को लौट रहे हैं
मुर्गी अपने चूजों के साथ
अभी तुरंत ही दड़बे के अन्दर घुसी है
बैल, बकरी भी पागुर करते हुए
अपना-अपना स्थान ले चुके हैं
सूअर 'घों-घों' कर सुस्त हो चुके हैं
मैं भी खेत से अभी-अभी लौटा हूँ

यहाँ सुदूर जंगल के बीच सब कुछ स्थिर होने को है
सिवाय रात के जो लगातार गतिमान है
कभी पुरखे डरकर दुबक जाते थे जिसे काला दैत्य जानकर
वह मालगाड़ी अभी-अभी ही
इस आदिवासी गाँव से होकर गुज़री है
लोहे का कचरा ढोती रात को हार्न देते हुए
और रात-भर जारी रहेगा यह सिलसिला...

उन दिनों की तरह अब पहर का होना
और रात का होना दो अलग-अलग बातें नहीं रहीं
जब रात के दूसरे पहर चाँदनी में
हाथियों का झूंड और जंगली भैंसें चरती थीं
चाँद उन दिनों रात का स्थगन प्रस्ताव लेकर नहीं आता था

आज हम जानते हैं चाँदनी कुछ देर के लिए ही
अँधेरे को स्थगित कर सकती है

लेकिन रात को पहर-भर करने के लिए सूरज ही अन्तिम विकल्प है
और इस बात को जानते हुए उसके उगने की प्रतीक्षा करना
अपने ही पैरों में ख़ुद बेड़ियाँ डालने जैसा है
बेड़ियों को तोड़ते हुए सोचता हूँ
क्या पागुर करती हुई बकरियों और बैलों को भी पता होता है हमारा दुःख
क्या वे जानते हैं कि हम इस वक़्त
समान दुःख और संकट के दौर से गुज़र रहे हैं
कि इस गाँव से बेदख़ल हो जाने के बाद
न उनके लिए और न हमारे लिए रह जाएगा कोई चारागाह
और उन जंगली भैंसों का क्या होगा जो हमारे टोटेम हैं...केरकेट्टा...
ढेचुवा...और होरल..?
एक रात रुककर या, एक डिजिटल फ़्लैश चमकाकर
नहीं लिया जा सकता है नाभिनालबद्ध सहजीवियों के साथ हमारा फ़ोटो
पत्रकारों और पर्यटक लेखकों को यह बात ठीक से समझ लेनी चाहिए
कि हमारी भाषाओं की अपनी अर्थ ध्वनियाँ हैं
जिसको वे आज तक अनुवाद के ज़रिये भी समझ नहीं सके हैं
कि किस चिड़ी को किस बकरी के दुःख ने छापामार बना दिया है
कि समान दुःख के लिए
समान समाधान ज़रूरी है की तर्ज पर संयुक्त कार्रवाई की बात हो सकती है
यह बात उन पत्रकारों से पूछी जानी चाहिए
जो बार-बार एक लाश पर अपने कैमरे को टिकाए हुए
व्यवस्था की पोल खोलने का दावा कर रहे हैं
और कह रहे हैं कि
कविता में पक्षधरता और प्रतिरोध बेमानी चीज़ है

हत्याओं से सबसे ज़्यादा काँपता है मानव मन
लेकिन हत्याओं के ख़िलाफ़ उसके पास सबसे ज़्यादा तर्क होते हैं
हम नहीं चाहते ऐसा कोई तर्क बावजूद इसके
कि उन्हीं तर्कों से की गई है हमारे स्वजनों और सहजीवियों की हत्या
कविता में आलोचक भी यही तर्क लाते हैं
सजाने, चमकाने और परोसने का तर्क
कैसे मैं लाऊँ कविता में शिल्प, सौष्ठव और सौन्दर्य...(?)

ओह...! कितना सुन्दर है हमारा गाँव...हमारा देस...
हमारे साथी, हमारे जंगल, ईचा बाहा और सिम्बुआ बुरू...

रात जारी है, फैल रहा है अँधेरा
चाँद बहुत देर तक स्थगित नहीं कर सकता है रात को
हमारे बैल, बकरियों और मुर्गियों को पता है हमारा दुःख समान है
हम दुखी हैं कि हमारी पत्नी और बच्चे फर्जी मुठभेड़ में मारे गए हैं
और दुःख इससे भी ज़्यादा यह है कि
यह बात पड़ोस के गाँव तक सही-सही पहुँचने नहीं दी जा रही
हमारी पहचान द्वीप में भटके-अटके नाविक की तरह हो रही है
बातें तो फैल रही हैं लेकिन क़ानून के उन अनुच्छेदों की तरह
जिनकी पुष्टि के लिए बार-बार न्यायाधीशों की ज़रूरत होती है
न्यायाधीशों के रास्ते थकाऊ, घुमावदार और अन्तहीन...
कई पीढ़ियों से जारी है उनके यहाँ चक्कर काटने का हमारा सिलसिला...
और मैं बैठ जाता हूँ सदियों की लम्बी थकान के बाद घर की चौखट पर ही

कुछ देर में साथी जुगनू आनेवाले हैं और मैं उनके साथ हो जाऊँगा
ओ मेरे पुरखो! ये जुगनू तुम्हारी ही आत्मा के जीवित रूप हैं
मुझे देखो मैं जुगनुओं के साथ अपनी हथेली में भर रहा हूँ सहजीविता के गीत।

8.

मैं हर वक़्त
घिरा होता हूँ मृत्यु से
तब भी गीत गाता हूँ
मुझे गीत गाता देख
उलझन में पड़ जाती है मृत्यु
वह सोचने लगती है कि
मुझे निशाना बनाए या मेरे गीत को

वहाँ उस घाट पर
जब मृत्यु ने हमला किया था हम पर
तो वह हतप्रभ होकर देखने लगी थी

कि हम क्यों लड़ते हैं इतने साहस से
और क्यों नहीं उसे
अपनी इस करनी पर शर्मिन्दा होना चाहिए
वह लौट गई थी यह सोचते हुए कि
अगर इस धरती पर बो दी जाए
पके धान की ख़ुशबू वाली गेंद
तो सभी बच्चे गोल मारते हुए जश्न मनाएँगे
और वह युद्ध में मोर्चेबन्दी करने से मुक्त हो जाएगी
बच्चे अपनी गठरी में बटोरेंगे गेंद
और यह धरती गेंद खेलते
बच्चों के हरे मैदान में तब्दील हो जाएगी
उस दिन मृत्यु ने हमसे यही गीत सुना था
और वह लौट गई थी हमारे सवालों के साथ

हम जानते हैं हमारी कविता शब्दों की मरुभूमि से नहीं उगती
और न ही हम रेत के टीले पर घर बनाने के हिमायती हैं
यहाँ हमारे पुरखों के साथ खड़े 'ससन दिरी'[1] जानते हैं
'जीवित होने' का एहसास
साल के वृक्षों को पता है जन्म का उत्सव
हरवैये बैल समझते हैं खेती के दिनों की बोली
हम यहाँ इस चट्टानी टीले के पास
या वहाँ उस घाट के पास
बैठे हुए अपनी धरती के बारे में सोचते हैं
हमें अपने बच्चों की नादानी पसन्द है
और उनकी तोतली बोली हमें चाहती है
हम उन्हें अपनी आँखों से आश्वासन देते हैं
उनके गीतों, जुगनुओं, तितलियों और सपनों के बारे में

कितनी शान्ति होती है यहाँ इस टीले पर
पहाड़ की तराई पर, नदी के तट पर
गीत साझा करते हुए हम सहजीवी होते हैं

1. ससन दिरी—क़ब्र का पत्थर

कि एक पेड़ से टिकी लतर अपनी देह पर
गिलहरी को उठाकर उसे खिलाती है कोई पका फल
और नदी उकेरती है यह चित्र अपने सीने में
और पहाड़...क्या झुकते नहीं नदी की आँखों में यह सब झाँकने...!!

ओ! फूलों पर लोटती हुई तितली
ओ! जुगनुओं की दादी
देखो, छोटी चिड़ी ने
अभी-अभी एक बच्ची को जन्म दिया है
क्या हमें उसके लिए गीत नहीं गाना चाहिए?

जुगनू, तितली, फूल, पेड़, नदी, जंगल
सभी सहजीवी जानते हैं हमारी उम्र इसी तरह बढ़ती है।

[2012]

गुवा-नुवामुंडी*

(गुवा-नुआमुंडी के (1980 ई.) शहीदों के प्रति)

इतने बरसों बाद भी
राख जीवित है इन पहाड़ों में
जंगल में जैसे अभी ही
थोड़ी देर पहले आग लगी हो

उन्नत पहाड़ों के गर्भ से जन्म लिये बच्चे
आज भी यहाँ वही दृश्य देख रहे हैं
जो पहले उनके पुरखों ने देखा था
उनके साँवले तपे चेहरे का रंग
मिट रहा है उन खदानों की धूल से
जो फिर से उस तारीख़ को घसीट लाई है
उनके जंगली गाँव में
जो तीस साल पहले झुलस गया था

गुवा-नुआमुंडी, किरीबुरू
और हतना बुरू[1] के शिखर
अपने पड़ोसियों से दूर होते जा रहे हैं
धँसते जा रहे हैं धरती में और अन्दर
अपना आत्मसम्मान खोते पहाड़
मरणासन्न जन रहे हैं बच्चे

---

* गुवा और नुआमुंडी—सारंडा जंगल के दो गाँव,

1. किरीबुरू और हतना बुरू—सारंडा जंगल के पहाड़

कि कल गुवा-नुआमुंडी था
आज हतना बुरू है
कल और कोई पहाड़ जन्म लेगा
धरती में समा जाने के लिए
अजीब है! दूसरी ओर की दुनिया
ख़ुश हो रही है पहाड़ों के दफ़न होने से
कि वह समृद्ध और ख़ुशहाल हो रही है...!!

कल मेरा गाँव गुवा-नुआमुंडी में था आज हतना बुरू[1] में है
कल और किसी पहाड़ में शरणार्थी होगा
फिर अगले दिन किसी और पहाड़ में
इसी तरह एक दिन मैं फेंक दिया जाऊँगा अन्ततः मरुस्थल में
मुझे प्यास लगेगी और मेरे पास नहीं रहेंगे
पहाड़ और उसके पड़ोसी बादल
मेरे गीतों के लिए नहीं रहेगा नदियों का राग

मेरे मापक हैं गुवा और नुआमुंडी के पहाड़
जिनसे मैं मापता हूँ सभ्यता की ऊँचाइयाँ
मेरी मुट्ठी में वही गरम राख है दुनिया के मानचित्र के लिए।

[08.03.2014]

1. बुरु (मुंडारी शब्द)—पहाड़

गेंद की खोज में

हम गेंद खोजने निकले हैं
अपने बच्चों के साथ
गेंद खोजते हुए अब हम आ पहुँचे हैं
यहाँ सैन्य छावनी में
हमारे बच्चों को लगता है
उनका गेंद यहीं कहीं खो गया है

हम निवेदन करते हैं सैन्य अधिकारियों से
कि वे हमें गेंद खोजने के लिए
उनकी छावनी में घुसने दें
लेकिन वे कहते हैं इसके लिए हमें
इस देश की सरकार से अनुमति लेनी होगी

हम यहाँ तक अपने गाँव से
सूरज के विदा होने पर पहुँचे हैं
वहाँ जुगनुओं की टोली अँधेरे में
कर रही है हमारे लौटने का इन्तज़ार
रास्ते में कितने ही धान के खेत और पक्षी
उदास और लहूलुहान थे
विडम्बना यह थी कि हम एक-दूसरे को पहचानते थे
लेकिन हम उन्हें वहीं उसी हाल में छोड़ आए
इस आश्वासन के साथ कि
हम जल्दी ही गेंद खोजकर लौट आएँगे

हमारी यह बात सैन्य अधिकारी नहीं सुनते
वे बार-बार सरकार से अनुमति लाने की बात दुहराते हैं

गेंद बच्चों के हाथ से खाई में
गिर जाने के लिए नहीं फिसला था
उनके अभिभावकों ने भी इसे बहुत सँभालकर रखा था
टप्पा खाता हुआ गेंद नहीं गया है सीमा पार किसी शत्रु देश में
पूरे गाँव की ख़ुफ़िया तलाशी लेने से पहले
एक गाँव के शरणार्थी शिविर में जाने तक
नहीं खोया था गेंद बच्चों के हाथ से

सैन्य मुख्यालय के सामने
हमें हाथ जोड़े खड़े हमारे बच्चे देखते हैं और
उनके नाज़ुक अनुभव में उतर आता है तीखापन
उन्हें पुचकारते हुए हम उतरते हैं
पहाड़ी पथरीली सीढ़ियों से
अपने घायल गाँव की ओर

बहुत दिन हुए बच्चों को देखे गेंद खेलते हुए
हँसते-उछलते, नोंक-झोंक करते
अखड़ा में बड़ों का स्वाँग रचते हुए
इस सुदूर सदान-आदिवासी गाँव से
हमारी अर्ज़ी पहुँच नहीं पाती है सरकारों तक
हम बिखेर देते हैं अपनी अर्ज़ियाँ
वहीं आस-पास के पेड़ों में
नदी की छोटी-छोटी लहरों में
पहाड़ के शिखर पर बने रोशनी के घोंसलों तक

सदियों से पेंडुलम की तरह डोलती हमारी अर्ज़ियों के
ज़हरीले तीर में रूपान्तरित होने से पहले तक
एक ही स्वर ब्रह्मांड में गूँजता रहता है कि
हँसते हुए बच्चों को
हँसते हुए उनकी गेंद लौटा देनी चाहिए थी।

[03.03.2014]

ग्लोब

मेरे हाथ में क़लम थी
और सामने विश्व का मानचित्र
मैं उसमें महान दार्शनिकों
और लेखकों की पंक्तियाँ ढूँढ़ने लगा
जिन्हें मैं गा सकूँ
लेकिन मुझे दिखाई दी
क्रूर शासकों द्वारा खींची गई लकीरें
उस पार के इंसानी ख़ून से
इस पार की लकीर
और इस पार के इंसानी ख़ून से
उस पार की लकीर

मानचित्र की तमाम टेढ़ी-मेढ़ी
रेखाओं को मिलाकर भी
मैं ढूँढ़ नहीं पाया
एक आदमी का चेहरा उभारने वाली रेखा
मेरी गर्दन ग्लोब की तरह ही झुक गई
और मैं रोने लगा

तमाम सुनाए-बताए
तर्कों को दरकिनार करते हुए
आज मैंने जाना
ग्लोब की गर्दन झुकी हुई क्यों है।

[2006]

चिड़ियाघर में जेब्रा की मौत

चिड़ियाघर में जेब्रा की मौत पर
रोने के लिए कोई और नहीं था
सिवाय उसके एक और साथी जेब्रा के
जिसे रखा गया था उसके साथ
केवल प्रजनन के उद्देश्य से

वह डरकर दुबका हुआ था एक कोने में
भयानक अकेलेपन और अजनबीपन में
उसकी आँखें देख रही थीं फ्लैशबैक में वह दृश्य
जब वह झुंड के झुंड अपने दल के साथ
दिन-भर चौकड़ी भरा करता था
जहाँ चरने के लिए खुला मैदान था
प्यास मिटाने के लिए उन्मुक्त नदी थी
और एक जंगल था आत्मिक विश्रांति के लिए

अब कुछ भी नहीं रह गया
उनके हिस्से के लिए
उनका हिस्सा भी नहीं रहा
वह जो कभी पूरा उनका होता था
अगर यह सब होता तो शायद
यह न होता जो आज हुआ
अगर होता भी समय के चक्र में
तो ऐसा न होता जो आज हुआ

आज होता सामूहिक शोक
सारा गाँव आख़िरी बार फिर उसके साथ होता
उसके सम्मान में होता एक आख़िरी गीत
कोई उसे उसकी जिद से अन्तिम बार पहचानता
कोई उसकी नृत्य शैली से
कोई कहता करम नाचने में उसका कोई जोड़ नहीं था
तो कोई उसे उसके पुरखों के इतिहास से पहचानता

यहाँ जुटी भीड़ उसे नहीं पहचानती है
और न ही वह उसके साथी के लिए
शोकगीत में शामिल होगी
यह भीड़ केवल तब तक बेचैन है
जब तक कि वह उसकी तस्वीर न ले ले

मेरा दुःख जेब्रा की मौत से है
और डर चिड़ियाघर से
चिड़ियाघर की ज़मीन फैल रही है और दीवार ऊँची
पिंजरों की संख्या बढ़ाई जा रही है
और वहाँ जंगल में
आदिम जनसंख्या उसके लिए तैयार की जा रही है
म्यूज़ियम में उसकी खाल, हड्डियाँ
वाद्य यंत्र, भाषा और उसके गीत सुरक्षित किए जा रहे हैं

चिड़ियाघर में जेब्रा की मौत
केवल जेब्रा की मौत नहीं
हमारी सम्भावित आगामी मौत है।

[2012]

जंगल सन्ताल

जंगल सन्ताल के वंशजों की
कोख में पलता बच्चा
अपनी माँ की कोख का आयतन नहीं
उसकी ज़मीन मापता है
जिस पर घेर दी गई हैं कँटीली झाड़ियाँ
उसके जन्म लेने से पहले ही

यह सुनने में अच्छा लग सकता है कि
सन् 1857 ई. आज़ादी की पहली लड़ाई थी
लेकिन सन्तालों ने अपनी आज़ादी को
कभी इस तरह परिभाषित नहीं किया था
सामंतों, ज़मींदारों और जागीरदारों के नेतृत्व में
जो हज़ारों बेकसूर आम लोगों की मौत के अपराधी थे
जो हत्यारे थे जिनकी ज़मीन पर फ़सल नहीं बेगार पैदा होती थी
इनके लिए मरना तो शहीद होना हो सकता था
लेकिन आज़ादी का रक्तबीज यहाँ से कभी उगने वाला नहीं था

नवजात सन्तालों के क़दम धरती पर पड़ते हैं
और आज़ादी का शंखनाद हज़ारों मील दूर
इतिहास के कोनों तक पहुँचता है
कि आज़ादी के लिए ज़मीन, हवा और पानी
आज भी पहली शर्त है,
कि ब्रह्मपुत्र, इन्द्रावती, गोदावरी, दामोदर

या कोयल-कारो के सूख जाने पर
कहीं नहीं रह जाएगा जीवन
एक ग़ुलामी फिर से घेरने लगेगी
और तब आज़ादी सन् 1857 ई. और सन् 1947 ई. में
अपना अर्थ तलाशेगी जो वहाँ नहीं थी

ऐसे ही इतिहास के खंडहरों से
उठ खड़ी होती हैं सन्तालों की हूल-ध्वनियाँ
वैश्विक कविता बनकर करने लगती हैं जिरह
स्वाभिमान और आत्मसम्मान को
राष्ट्रीय संग्रहालयों से बाहर निकाल लाने के लिए
कि आज़ादी के अवशेष वहाँ नहीं उन माताओं की आँखों में हैं
जिन्होंने अपने बच्चों के लिए उम्र-भर मेहतरी की है
गोलियों से छलनी उन बेटों की लाश में है
जिन्होंने अपनी माँ की ख़ातिर यह सब किया
और 'शहादत'...एक अपमान से ज़्यादा कुछ नहीं रहा...!!

ज्यों-ज्यों धरती में और अन्दर धँसती है कविता की फाल
उगने लगते हैं इतिहास के अमरबेल
जिन्हें दफ़न कर दिया था
राष्ट्रीय इतिहासकारों ने सभ्यता के मानक पर
और जिन्होंने दूसरों के खेत पर काम करने से मना कर दिया था
जिन्होंने अपनी ज़मीन की वापसी की माँग की
जिन्होंने पानी के लिए
हज़ारों की तादाद में निकलकर विद्रोह किया
उन्हें दूसरे छोर पर खड़ी कर देती है कविता

बहुत मुश्किल होता है
हँसुआ, कुदाली और हल-बैल लिये
इतिहास के खंडहरों में
अपनी अस्मिता की नींव खड़ी करना
और तब इनके गीत ही

इतिहास बनकर ब्रह्मांड में घुलने लगते हैं
एक गीत पसरता है जुगनू बनकर अँधेरे में
एक गीत उतरता है जड़ों में पानी बनकर
एक गीत समेटता है बाँहों में सहजीवी होकर
गीतों में सुन्दर लगते हैं सन्ताल
सन्ताल सहज लगते हैं प्रतीकों में

सन् 1857 ई. के बहुत पहले से मौजूद हैं सन्ताल
घोषित राष्ट्रीय गरिमा से बाहर
कि आज़ादी के लिए दी गई
उनकी सैकड़ों क़ुर्बानियाँ दफ़न कर दी गईं
लेकिन जीवित हैं किसी अज्ञात सदी से
गीतों में उनकी आज़ादी की सामूहिक शंख-ध्वनियाँ

सन् 1947 ई. के ठीक बाद भी
यहीं कहीं हमारे आस-पास था एक जंगल सन्ताल
अब भी यहीं कहीं हैं उसके गाँव की पगडंडियाँ
यहीं कहीं जन्म ले रहा है एक और सन्ताल
और यहीं कहीं हैं सामंत और जागीरदार
इतिहास की दीवारों में
शिलालेखों में
बच्चों की किताबों में

विश्व कविता कोष में
कवियों की फुनगियों में नहीं हैं सन्ताल
सन्ताल कविता की जड़ों में हैं
सवालों के साथ कवियों को संपादित करते हुए।

[2013]

झानू बुआ जंगली सूअरों से फ़सल की रखवाली करती है

झानू बुआ
अपने भाई के हाट चले जाने पर
फ़सल की रखवाली करती है
उसका भाई रीझवर है
जंगल-जंगल
गाँव-गाँव घूमता है
वह जतरा नाचने
मांदल बजाने से पहले
फ़सल बचाने के लिए
उसके चारों ओर फंदा डाल देता है

जब वह घर पर नहीं होता है तो
झानू बुआ के हाथ में होती है ज़िम्मेदारी
बूढ़ी माँ खेत की ओर जाने से पहले
उसे याद दिलाती है कि
वह अपना धनुष और कुल्हाड़ी लेना न भूले
झानू बुआ अपनी धुन में
एक टीले पर बैठकर प्रेमगीत गुनगुनाती है
तभी सूअरों का झुंड खेत पर धावा बोलता है
झानू बुआ घात लगाती है और

भागते हुए सूअर फंदे में फँस जाते हैं
अगले दिन फ़सल के तैयार हो जाने पर
वह अपने भाई के साथ फ़सल काटकर घर ले आती है

झानू बुआ मेरी बुआ है
झानू बुआ का भाई मेरा पिता
इन दोनों की बूढ़ी माँ मेरी दादी है
मेरी दादी मेरे दादू की साथी है
हम सब साथी हैं
हम जंगल में उगे पेड़ हैं
हमारे आगे, हमारे पीछे
हमारे दाएँ, हमारे बाएँ पेड़ ही पेड़ हैं
ये पड़ोसी पेड़ हमारे साथी हैं
और हम सब समूह हैं

झानू बुआ जंगली सूअरों से
फ़सल की रखवाली करती है
और उसका भाई नवाखानी[1] के गीत गाता है।

[2013]

1. नवाखानी—पहली फ़सल कटने का त्योहार

बसंत के बारे में कविता

बसंत के बारे में कविता लिखने के लिए
एक कवि भँवरे की सवारी पर चढ़ा
और वह धम्म से गिर पड़ा

एक कवि अपनी प्रेमिका की गोद में लेटकर
मौसम का स्वाद ले रहा था
और उसकी कविता स्वादहीन हो गई
उसकी कविता के पात्र और चरित्र मरे हुए पाए गए
उसकी भाषा जिसके माध्यम से वह
सबसे अच्छी कविता लिखने का दावा करता था
उसकी जुबान को लकवा हो गया

बसंत के बारे में कविता लिखने से डरता हूँ कि
कहीं कोई भँवरा मेरे गीतों पर रीझ न ज़ाए
पपीहे भूल न जाएँ
बाज़ के हमलों से बचना
सबसे बुरे समय में
सबसे ख़ुशनुमा
और रंगों से सराबोर मौसम पर
कविता लिखते हुए डरता हूँ
अपनी भाषा और शब्दों के दिवालिया हो जाने से

बसंत के बारे में
कविता लिखने से पहले
अपने बारे में सोचता हूँ
और पाता हूँ अपनी बहन को
बन्दूक़ की नोक से आत्मा के ज़ख़्म सीते हुए
उसके पास ही होती है एक उदास और ठहरी हुई नदी
जिसके आँसुओं में जलमग्न होते हैं
हरवैये बैल और मुर्गियों के अंडे
मैं सुनता हूँ
अपने बच्चों और मवेशियों की डूबती हुई चीख़
और वहीं देखता हूँ
अपने ही देश के दूसरे हिस्से के नागरिकों को
पिकनिक मनाते
जश्न मनाते
और फ़ोटो खिंचवाते हुए
तब मेरी धरती और मेरे लोगों का ख़ून
मेरी क़लम की नीब से बहने लगता है
मैं विद्रोह करता हुआ
पहाड़ की सबसे ऊँची चोटी पर पहुँचकर
पेड़ों से कहता हूँ विदा करो पतझड़ को
अब और देर नहीं
ले आओ मेरी माँ की आँखों में हँसी

पेड़ मेरी बात को ग़ौर से सुनते हैं
और ले आते हैं अपनी नई डालियों पर
छोटी चिड़ियों और फूलों के गीत
जंगल में घुलने लगती है महुवाई गंध
गिलहरी नृत्य करते हुए
नेवता देते हैं पंडुकों को भी
लेकिन पंडुक संकोचवश केवल गीत ही गा पाते हैं
तब भी मैं लिख नहीं पाता हूँ
उनकी प्रशंसा में कोई कविता

बस उन्हें शुक्रिया कहता हूँ कि उनके बीच
अब भी हमारी पहचान बाक़ी है
और वे हमें हमारी भाषा से पहचानते हैं

बसंत के देश में
बसंत के दिनों में
बसंत के बारे में कविता न लिखना अपराध है
जैसे किसी देश में रहते हुए
उस देश के राजा के मिजाज की कविता न लिखना
और तब मैं कवि नहीं अपराधी होता हूँ
जो बूढ़ी माँ की आँखों में डूबते
अपने गाँव को बचाने के लिए
समुद्र की पागल लहरों से टकरा जाता हूँ

बसंत के बारे में कविता लिखने बैठा मैं
बसंत के बारे में नहीं
अपने बारे में लिखता हूँ
और कविता के शब्द जेल की अँधेरी कोठरियों को तोड़ते हैं
उसके अन्दर क़ैद पतझड़ को विदा करने के लिए।

[11.03.13]

मदाईत*

संगी हो...!
सूरज ढलने को है
अब मिट्टी ढोना बन्द करते हैं
खेत ऐसे ही तैयार होते हैं
धीरे-धीरे
जैसे प्यार गहराता है धीरे-धीरे
फिर यह आत्मिक आनंद देता है
ये लो खैनी और चूना
इधर डाड़ी[1] है
जाकर पानी पी लो
हँड़िया तो घर जाकर ही मिलेगा

आज हमने खेत को
पूरब की ओर खिसका दिया है
बरसात में पानी दखिन से घुसेगा
उधर ऊँचाई है लेकिन
उसका दबाव उत्तर में नहीं
पछिम की ओर होगा
कल उस ओर मेड़ को और मज़बूत करेंगे

* मदाईत—सामूहिक काम करने की प्रथा। प्रत्येक व्यक्ति का काम सभी गाँव वाले मिलकर एक समूह में बिना कोई मूल्य लिए सहयोग की भावना से करते हैं।

1. डाड़ी—छोटा झरना

मदाईत करते हुए
पता ही नहीं चलता कि
कैसे कठिन काम हो गया
इस विशाल पत्थर को हटाते हुए लगा
जैसे हमने पृथ्वी को
एक कोने से उठाकर
दूसरे कोने में रख दिया है।

[2012]

आत्महत्या के विरुद्ध

वे तुम्हारी आत्महत्या पर अफ़सोस नहीं करेंगे
आत्महत्या उनके लिए दार्शनिक चिन्ता का विषय है
वे इसकी व्याख्या में सवाल को वहीं टाँग देंगे
जिस पेड़ पर तुमने अपना फंदा डाला था

यह उनके लिए चिन्ता का विषय नहीं होगा
वे जानते हैं गेहूँ की क़ीमत लोहे से कम है
और इस वक़्त वे लोहे की खेती में व्यस्त हैं

लोहे की खेती के लिए ही उन्होंने
आदिवासी गाँवों में
सैन्य छावनी के साथ डेरा डाला है
लोहे की खेती के विरुद्ध ही
आदिवासी प्रतिघाती हुए हैं
उसी खेती के बिचड़े[1] के लिए
उन्हें तुम्हारी ज़मीन भी चाहिए

तुम आत्महत्या करोगे
और उन्हें लगेगा
इस तरह तो वे गोली चलाने से बच जाएँगे
और यह उनकी रणनीतिक समझदारी होगी

---

1. बिचड़े—धान के पौधे

वे तुम्हारी आत्महत्या पर अफ़सोस नहीं करेंगे
उन्हें सिर्फ़ प्रतिघाती हत्याओं से डर लगता है
और जब तुम प्रतिघात करोगे
तुम्हारी आत्महत्या को वे हत्याओं में बदल देंगे।

[22.04.2015]

कोयला मज़दूर

अधजला कोयला
फेंक दिया गया है तुम्हारे आँगन में

तुम्हारे बच्चे अधजले होंगे
तुम्हारे गीत अधजले होंगे
तुम्हारा प्रेम अधजला होगा
तुम्हारी ज़मीन अधजली होगी
अधूरा होगा तुम्हारा ब्रह्मांड

कोयले के ढेर पर बैठकर
तुम आग से बच नहीं सकते
अधजला कोयला तुम्हें जलाएगा
या फिर तुम उसे जलाओगे।

[21.4.2015]

गोलांची* का फूल

आधी रात को
गोलांची मेरी बाँहों में होती है
मैं उसकी पंखुड़ियों को चूमता हूँ
और ओस की बूँदें
चावल के दानों की तरह
धरती पर बिखर जाती हैं

अगली सुबह
सूरज किसान की तरह उगता है
उन दानों को चुगने के लिए।

[2015]

* गोलांची—वन चम्पा

मई दिवस

यह प्रेमी और प्रेमिकाओं के
होंठ लाल होने का दिन है
कि उनके प्रगाढ़ चुम्बन से ही
सभ्यताओं के इतिहास में
अंकुरित हुए हैं संघर्ष के नये बीज

प्रेमियों के एक हाथ में घर होता है
और दूसरे हाथ में औजार
वे जानते हैं
इतिहास की यात्रा में
जितना बहा है पसीना
उतना ही बहा है ख़ून भी

रोम के दासों की कहानी हो
या ब्रिटेन के मज़दूरों की
भारत के दलितों की बात हो
या गिरमिटिया मज़दूरों की
ख़ून उतना ही बहा है और पसीना भी
इसी ख़ून और पसीने की लालिमा
आज उनके होंठों पर बिखरेगी

वे सड़कों पर बैनर लेकर उतरेंगे
और याद करेंगे अपने पुरखों को

वे नारे लगाएँगे
अपने बच्चों और उनकी आगामी पीढ़ियों के लिए
उन्होंने कोयले की खदानों से लेकर
सोने के कारख़ानों तक सिर्फ़ प्यार किया है
प्रेम के लिए ही उन्होंने लड़ी हैं अनगिनत लड़ाइयाँ
वे सब प्रेमी हैं
और यहाँ हर प्रेमी एक मज़दूर है

आज भी किसी के घर में
चूल्हा नहीं जला होगा
अदहन नहीं चढ़ा होगा
ख़ाली पेट ही
वे बोझा ढोने निकल गए होंगे
लेकिन चेतना भरी है उनकी आँखों में
वे दुनिया को बदल देने के नज़रिये से देख रहे हैं
वे सभी गीत गाएँगे, जश्न मनाएँगे
उनकी आवाज़ और उनके उल्लास से ही
आसमान की लालिमा बरक़रार रहती है।

[08.04.2015]

लकड़हारे की पीठ

जलती हुई लकड़ियों का
गट्ठर है मेरी पीठ पर

और तुम
मुझे बाँहों में भरना चाहती हो

मैं कहता हूँ—
तुम भी झुलस जाओगी
मेरी देह के साथ।

[08.04.2015]

क्यूबा

समुद्र से घिरा हुआ देश
सिर उठाकर स्वाभिमान का गीत गाता है
समुद्र परमाणु हथियारों से लैस होकर
लड़ाकू विमानों की रफ़्तार से दौड़ पड़ता है उसके तट की ओर
उसे वह नेस्तनाबूद कर देना चाहता है कि
न हो कोई उसकी राह में उसके क़द से ऊँचा

क्यूबा एक द्वीप है समुद्र से घिरा हुआ
समुद्र की लहरें उसकी मज़बूत भुजाओं से टकराकर तिलमिला उठती हैं
और एक शोर होता है आसमान में महाद्वीप की सीमाओं को लाँघते हुए।

[2014]

फिलिस्तीन-1

(प्रेम में छल)

मैं फूलों के बीच था
तितलियाँ भी थीं
तुम आए और
तुमने कहा दुनिया बहुत बड़ी है
और इसका दरवाज़ा प्रेम से ही खुलता है

जब तुम आए थे मेरे गाँव में पहली बार
तब तक नहीं था यहाँ कोई दरवाज़ा
न ही थी कोई खिड़की
जहाँ से आसमान दिखता था वही दरवाज़ा था
और जहाँ गीत की धुन सुनाई देती थी वही खिड़की थी

मैं प्रेम में गोते लगाता रहा
तुम अपना घर बनाते रहे
तुम अपना देश बनाते रहे
तुम्हारे हर बोल में देशभक्ति की बातें थीं

और एक दिन जब
मैं अपने प्रेम के प्रस्ताव को लेकर आया
तो मेरे सामने थीं—
बन्द खिड़कियाँ, बन्द दरवाज़े
और ग्लोब में खिंच गई थी एक रेखा
अब मैं दुनिया के मानचित्र में हर एक रेखा से बाहर था।

[07.09.2014]

फिलिस्तीन-2

(बुद्ध पूर्णिमा में)

यहाँ तालाब में उतरा चाँद
घंटों डुबकी लगा रहा है
पूर्णिमा की रात में
उसका पूरा चेहरा साफ़ उभर आया है
आज वह चेहरे पर छिटके सभी दाग़ धो लेना चाहता है

अब तक वह देखता आया था छुप-छुपकर
टैंकों के सामने पत्थर फेंकते बच्चों की अधजली लाश को
शरणार्थी शिविरों में कराहते बूढ़ों और औरतों को
आज वह उस हर दाग़ को धो लेना चाहता है
जो उसकी ख़ूबसूरती की आड़ में होते रहे हैं

पृथ्वी पर सुदूर पहाड़ों की तलहटी में बसे गाँव का
सबसे सुन्दर और सबसे उदास तालाब है यह।

फिलिस्तीन-3

(मेरा घर)

फिलिस्तीन मेरे घर की छत है
फिलिस्तीनी बच्चे मेरे घर की ईंटें हैं

मैं कैसे बर्दाश्त करूँ कि
कोई मुझे बेघर कर दे
कोई मेरे घर की दीवार गिरा दे

मैं यह बातें कर रहा हूँ
फिलिस्तीन से हज़ारों मील दूर
अपनी खपरैल छत के नीचे
सारंडा और अबूझमाड़ के आदिवासी गाँव से।

फिलिस्तीन-4

(सेब)

मेरे बच्चों के लिए
फिलिस्तीनी बच्चों ने भेजे हैं सेब
सेब ताजे, लाल और मादक हैं
जो इन दिनों मेरे बच्चों की आँखों में फल रहे हैं
(कविता कहती है
मौसम हो तो सेब कहीं भी फल सकते हैं)।

फिलिस्तीन-5

(अशक्त कमांडर)

संयुक्त राष्ट्र संघ
एक अशक्त कमांडर है
जो अमेरिकी टाँग पर चलता है

वह उससे भी ज़्यादा कमज़ोर है
उससे भी ज़्यादा लिजलिजा है
जितना कि फिलिस्तीन का
एक बीमार बूढ़ा आदमी
जो हमेशा उठकर
चलना चाहता है अपने पोतों के साथ।

फिलिस्तीन-6

(गाज़ा)

यह एक शहर है
जहाँ सेब के बागान हैं लाल और मादक
प्रेमी यहाँ आते हैं और
अपने-अपने हिस्से का रख लेते हैं
कुछ कारतूस
कुछ रायफलें।

फिलिस्तीन-7

(पीढ़ी-दर-पीढ़ी)

गाज़ा में एक बच्ची
जो अभी-अभी जन्मी है
सबसे पहले सुन रही है
अस्पताल में धमाकों की आवाज़

वह अपने बच्चों को
पोतियों को
कभी नहीं सुनाएगी परियों की कहानी
वह सबसे पहले किसी से भी
धमाकों के क़िस्से कहेगी।

फिलिस्तीन-8

(वतन की तलाश)

वतन की तलाश में
फिलिस्तीनी बार-बार सेब की फ़सलें उगाते हैं
सेब बार-बार लाल और मादक होते हैं।

[2015]

सवा सेर गेहूँ

देश की सरकार ने
विश्व महाजन से
'सवा सेर गेहूँ' उधार लिया है

महाजन ने
अपने बही-खाते में
लिख लिया है हमारा हिसाब

अब सूद की रकम में देना होगा
'जल, जंगल, ज़मीन और जान'।

[2016]

गणतंत्र दिवस के अतिथि

सिर्फ़ इतना ही कर सकता हूँ
कि आज के तुम्हारे कार्यक्रम में
मैं शामिल नहीं होऊँगा
और कर भी क्या सकता हूँ
तुम्हारे अभेद्य सुरक्षा कवच के सामने?
वैसे और क्या हो सकता है इससे बेहतर
तुम्हारा लोकतांत्रिक बहिष्कार
कि लोकतंत्र के महाप्रभु को
उसी के जुमलों से जवाब दिया जाय?

जब सारी दुनिया
तुम्हारे ताक़त के दंभ और शोहरत की
अंधभक्ति कर रही हो
तब मेरे ही भाई-बंधु हँसेंगे
मेरे इस निर्णय पर
और सीआईए अगर
इसकी भी सूचना दे दे
तो शायद तुम्हें भी
हिन्दी के इस आदिवासी कवि पर हँसी आ जाए

आज कार्यक्रम में शामिल नहीं होऊँगा
तो इसका मतलब
तुम मुझसे बेहतर समझते हो कि

मैं तुम्हारे हर उस निर्णय में शामिल नहीं हूँ
जिसने दुनिया को 'डॉलर' की ज़ंजीर पहनाई है
जिसने जने हैं दुनिया में
नाटो, खाड़ी, तालिबान, इराक़
लीबिया, उत्तर कोरिया, ईरान
और भी ऐसी अनगिनत अँधेरी खाइयाँ
जिनमें मानवता दफ़न की जा रही है

मेरे इस इनकार का मतलब
तुम भली-भाँति समझते हो
कि मैं तुमसे और तुम्हारे अधिकांश
पूर्वजों से असहमत हूँ
तुम यह भी जानते हो कि
आज तुम जिस ज़मीन पर खड़े होकर
आतंकवाद और विश्व-शान्ति की बात कर रहे हो
उसी ज़मीन के ख़िलाफ़
तुम्हारे पूर्वजों ने जहाज़ी बेड़ा भेजा था

मुझे पता है
तुम और तुम्हारा सीआईए
कहेगा कि मैं सोवियतों का पिछलग्गू रहा हूँ
कहोगे कि मैं चे, कास्त्रो या शावेज का गुप्तचर हूँ
कहोगे कि मैं तालिबानी हूँ
कहोगे कि मैं इस्लामिक स्टेट का आदमी हूँ
तुम कुछ भी कहोगे और उसे साबित भी कर दोगे
लेकिन तुम कभी नहीं कहोगे कि
मैं ब्लैक हिल्स या डकोटा प्रान्त का वंशज हूँ
नहीं कहोगे कि मैं रेड इंडियनों का वंशज हूँ
ऐसा कहकर तुम और सीआईए
कभी भी अपने इतिहास का
नकाब नोचने की हिमाकत नहीं करेंगे

मुझे पता है
तुम कुछ भी ऐसा नहीं करोगे
जिससे साबित हो कि
तुम्हारे सिवाय और भी सभ्यता रही है
और भी मौजूद हैं दूसरे सहजीवी विकल्प

आज तुम बापू को 'धन्य-धन्य' कहोगे
मार्टिन लूथर किंग जूनियर की दास्तान कहोगे
और जब कल यहाँ से वापस लौट जाओगे
हथियारों के अन्तर्राष्ट्रीय बाज़ार में
तुम्हारी रैंकिंग फिर सबसे ऊपर होगी

फिर होगी
तीसरी-अश्वेत-अफ्रीकी-दुनिया में
तुम्हारे लड़ाकू युद्धपोतों
और जहाज़ी बेड़ों के उतरने तक
हथियारों की कालाबाज़ारी

आज मेरे देश की
बलिदानी धरती पर होने के बावजूद
तुमसे दूसरे छोर पर रहूँगा
मैं यहाँ अपने जंगलों और नदियों के साथ
यहीं अपने जनवादी गणतंत्र का गीत गाऊँगा।

[24.01.2015]

माँ कभी-कभी लोक्ठो* बनाती थी

कभी-कभी घर में आता था आटा
कभी-कभी घर में होती थी चीनी
कभी-कभी घर में होता था तेल
कभी-कभी माँ घर में बनाती थी लोक्ठो

बहन ख़ुशी से कंधे उचकाती थी
हम भाई के साथ झगड़ जाते थे
माँ चुपचाप लोई बनाती
उसे बेलकर आड़े-तिरछे काटती
हम माँ की अँगुलियों को ताक़ते
पिताजी हँड़िया का डूभा उठाकर कहते
ऐसे तो हममें से कोई बना नहीं सकता

हम समझते माँ लोक्ठो बनाती है
लेकिन माँ ही जानती थी
उधार के आटे से
उधार की चीनी से
उधार के तेल से
वह घर बना रही है

हम नहीं समझते थे तब

---

* लोक्ठो—एक प्रकार की मिठाई।

अब हम समझते हैं
माँ हमेशा घर बनाती थी
वह कभी-कभी ही लोक्ठो बनाती थी।

[2015]

उन सैन्य टुकड़ियों से

इन जंगलों में
क्या तुम सुन्दरता खोज रहे हो..?
अपने कन्धों पर संगीन लिये
और छाती पर बुलेट प्रूफ़ पहने हुए
राजकीय आदेश के साथ
क्या तुम अपनी बेटी के लिए तितलियाँ खोज रहे हो..?
तुम्हें क्या चाहिए तुम मुझसे कहो
तुमसे ज़्यादा मैं जानता हूँ अपनी इस धरती के
रूप-रस-गन्ध और स्पर्श के बारे में
कहो मुझसे तुम्हें क्या चाहिए..?

देखो, उस झुरमुट के पास
एक लाल कुकुरमुत्ता उग आया है
उसे तुम कुचलना मत अपने बूटों से
वह पेट भरता है बारिश के दिनों में जंगल का
देखो ठिगना-सा कितना सुन्दर है वह
लो, तुम्हारी बेटी के लिए 'टोपी' हो सकता है यह

उधर देखो, उन पत्थरों को
लद-लद कर कैसे हँस रहे हैं एक-दूसरे पर
उनके कानों में उगे पेड़ जैसे उनकी बालियाँ हों
ये पत्थर हैं जो हमारे खेतों में बिखरे होते हैं
इनकी तुम ख़ुदाई मत करना

तितलियाँ इससे नाराज़ हो जाएँगी
और तुम्हारी बेटी कभी नहीं गा पाएगी कोई गीत

ये देखो, पत्तों से झर रही हैं बूँदें बारिश के बाद
लो, अपनी हथेली बढ़ाओ और सँभाल लो
इन्हें अपनी पत्नी के चेहरे पर बिखेर देना

और देखो, इस हरियाली के बीच
एक पेड़ की डाली सूखी है
और उसी में है कठफोड़वा का घोंसला
उसे तुम तोड़ मत देना
सहेजकर अपने बूढ़े पिता को देना
बुढ़ापे में लाठी ही सहारा होता है

देखो, उस नदी को
नदी को नहीं उसमें अपनी परछाईं को देखो
तुम्हारे साथ पेड़, पहाड़, फ़सल, फूल, तितली सब खड़े हैं
और अगर इन सबको
एक साथ देखना चाहते हो तो देखो
मेरी बूढ़ी आँखों में
जो अब भाग नहीं सकती हैं
तुम्हारे जुल्मों के बावजूद
सदी की पूरी सुन्दरता समाहित है इनमें
तुम्हारे आने से छुप गए मेरे गाँव के
जवानों की आँखों में
तुम इसे ही अंकुरित होते हुए पाओगे
बीज है यह जो जंगल के हर एक कोने में
हर दर्रे में उग रहा है
इसे तुम कुचल नहीं सकते किसी राजकीय आदेश से

सुनो हे वर्दीधारी!
मुझे बताओ तुम किस दिशा से आए हो

राँची से, दिल्ली से कूच किए हो, या
इस्राइल से, अमेरिका से, चीन से, जर्मनी से, फ्रांस से,
या किस राज्य और उसकी राजधानी से?

मुझे बताओ
मैं लहू के अपने इन अवयवों से सिलूँगा
तुम्हारी बेटी के लिए सबसे सुन्दर कुरती।

[12.08.2014]

मेरा पुनर्जन्म नहीं होगा

अँधेरी रात के आधे पहर
जब हवा अपने तेज़ झोंकों से पेड़ों को डरा रही थी
फेकइर की 'फें-फें' जंगल की पगडंडियों को
और अधिक डरावना बना रही थी
पूँछ वाले चमगादड़ साल के पेड़ों को
खरोंच-खरोंचकर घायल कर रहे थे
तब नन्हें क़दमों से मैंने दस्तक दी
और लोगों ने झट दरवाज़े खोले
उन्हें डर था कि कहीं कोई आदमख़ोर मुझे उठा ना ले

बचपन के ये दिन थे
जब सूरज भी डर से हमें
कोहरे की ओट से देखता था
डर अपने लिए नहीं
हम बच्चों के लिए था
उन्हें डर था कि
हमारी तोतली बोली
हमारे घरौंदे रौंद दिए जाएँगे
डर, डर था
लेकिन वह समर्पण क़तई नहीं था

मैंने आँख खोली
साथ ही और कई बच्चों ने भी

हम अबोधों के लिए
हर घड़ी एक उत्सव था
और भूख की दुनिया
माँ की गोद तक सीमित थी
लेकिन माँ की आँखों में
इसका असीमित विस्तार था
पिता की छाँव में गीत थे
लेकिन आहत और घायल
एक दुनिया जल रही थी
जिसे हम अपनी अबोध आँखों से देख नहीं पाते थे

ओह मेरी माँ!
तुम्हें प्रसव की पीड़ा
कितनी सहज लगी होगी
इस दर्द के सामने?
रात में ढिबरी की छोटी-सी रोशनी में अकेले
हम बच्चों को अपने आँचल में छुपाए
तीर-धनुष लिये हुए
डरावनी आहटों को टोहती थी
कुत्तों के भौंकने पर अचानक सतर्क होकर
धनुष की डोरी तन जाती थी
तेज़ बारिश, बिजलियों की कड़क
और हवा की साँय-साँय के बीच
जब कोई भी आहट नहीं होती थी
तब तुम्हारी आँखों में रोशनी बढ़ने लगती थी
तुम्हारे दिल की धड़कन तेज़ हो जाती थी
यही वक़्त होता था पिताजी
और उनके साथियों के जंगल से घर लौटने का
दरवाज़े पर हल्की दस्तक होती थी
और किवाड़ खुलते ही तुम्हारी आत्मा का सूरज
आधी रात को मुस्कुराने लगता था

ये हमारे खेलने-कूदने के दिन थे
हम यहीं बढ़ रहे थे
हमारा भविष्य यहीं तय हो रहा था
आज मैं अपने बचपन से बहुत दूर निकल आया हूँ
लेकिन तुम अब भी वहीं की वहीं हो
सुदूर गाँव में जंगलों के बीच
मनोरम छोटी-बड़ी नदियों, पहाड़ियों की
वीभत्स हलचलों के बीच
उसी हालत में
उसी तरह
तुम्हारे तन के वस्त्र पर जितने टाँके हैं
उससे ज़्यादा घाव तुम्हारी आत्मा पर हैं
तुम्हारे बच्चे, मेरे छोटे भाई वहीं बड़े हो रहे हैं
रेल की धकधकाती आवाज़ और
बुलडोजर की आदमख़ोर दहाड़ के बीच

गुवा और नुवामुंडी की घटना को हुए दशकों बीत गए
हत्या और आगजनी के दौर हुए अरसा हुआ
ताऊजी और उनके साथियों की शहादत के दिन पीछे छूट गए
तुमने तो देखा ही था
किस तरह चाचाजी को
सिमडेगा जेल के ठीक सामने
जेल से निकलते ही गोली मार दी गई थी
हमारे पुरखों की शहादत कहाँ रुकी है?

अनगिनत सदियों पुरानी
हमारी इस धरती में किसी का पुनर्जन्म नहीं होता
कोई अवतरित नहीं होता
सिवाय विस्थापन, हत्या, लूट,
आगजनी, बलात्कार और सैन्य कार्रवाइयों के

हमारा पुनर्जन्म नहीं होता
लेकिन हम जीवित रहते हैं आनेवाली पीढ़ियों में
हज़ार-हज़ार शताब्दियों से भी आगे
फ़सलों में, गीतों में, पत्थरों में
मृत्यु के बाद भी हम
अपनी धरती से दूर नहीं होते

ओ ममतामयी!
पुरखों के जीवन का विधान
मुझ पर भी लागू हो
मेरा पुनर्जन्म नहीं होगा
लेकिन मेरे बाद भी
कोई और आएगा गीत गाते हुए...

[10.01.2013]

मैं गीत गाना चाहता हूँ

मैं घायल शिकारी हूँ
मेरे साथी मारे जा चुके हैं
हमने छापामारी की थी
जब हमारी फ़सलों पर जानवरों ने धावा बोला था

हमने कार्रवाई की उनके ख़िलाफ़
जब उन्होंने मानने से इनकार कर दिया कि
फ़सल हमारी है और हमने ही
उसे जोत-कोड़कर उपजाया है
हमने उन्हें बताया कि
कैसे मुश्किल होता है बंजर ज़मीन को उपजाऊ बनाना
किसी बीज को अंकुरित करने में कितना ख़ून जलता है
हमने हाथ जोड़े, गुहार की
लेकिन वे अपनी जिद पर अड़े रहे
कि फ़सल उनकी है,
फ़सल जिस ज़मीन पर खड़ी है वह उनकी है
और हमें उनकी दया पर रहना चाहिए

हमें गुरिल्ले और छापामार तरीक़े ख़ूब आते हैं
लेकिन हमने पहले गीत गाये
माँदर और नगाड़े बजाते हुए उन्हें बताया कि देखो
फ़सल की जड़ें हमारी रगों को पहचानती हैं,
फिर हमने सिंगबोंगा से कहा कि

वह उनकी मति शुद्ध कर दे
उन्हें बताए कि फ़सलें ख़ून से सिंचित हैं

और जब हम उनकी सबसे बड़ी अदालत में पहुँचे
तब तक हमारी फ़सलें रौंदी जा चुकी थीं
मेरा बेटा जिसका बियाह पिछली ही पूर्णिमा को हुआ था
वह अपने साथियों के साथ सेंदेरा के लिए निकल पड़ा

यह टूटता हुआ समय है
पुरखों की आत्माएँ
देवताओं की शक्ति क्षीण होती जा रही है
हमारी सिद्धियाँ समाप्त हो रही हैं
सेंदेरा से पहले हमने
शिकारी देवता का आह्वान किया था
लेकिन हम पर काली छायाएँ हावी रहीं
हमारे साथी शहीद होते गए

मैं यहाँ चट्टान के एक टीले पर बैठा
फ़सलों को देख रहा हूँ
फ़सलें रौंदी जा चुकी हैं
मेरे बदन से लहू रिस रहा है
रात होने को है
बच्चे और औरतें
घर पर मेरा इन्तज़ार कर रही हैं
मैं अपने शहीद साथियों को देखता हूँ
अपने भूखे बच्चों और औरतों को देखता हूँ
पर मुझे अफ़सोस नहीं होता
मुझे विश्वास है कि
वे भी मेरी खोज में
इस टीले तक एक दिन ज़रूर पहुँचेंगे

मैं उस फ़सल का सम्मान लौटाना चाहता हूँ
जिसकी जड़ों में हमारी जड़ें हैं
उसकी टहनियों में लोटते पंछियों को
घोंसला लौटाना चाहता हूँ
जिनके तिनकों में हमारा घर है
उस धरती के लिए बलिदान चाहता हूँ
जिसने अपनी देह पर
पेड़ों के उगने पर कभी आपत्ति नहीं की
जिसने नदियों को कभी दुखी नहीं किया
और जिसने हमें सिखाया कि
गीत चाहे पंछियों के हों या जंगल के
किसी के दुश्मन नहीं होते

मैं एक बूढ़ा शिकारी
घायल और आहत
लेकिन हौसला मेरी मुट्ठियों में है
और उम्मीद हर हमले में
मैं एक आख़िरी गीत
अपनी धरती के लिए गाना चाहता हूँ।

[18.11.12]

मैं जिस जंगल में रहता हूँ वहाँ भेड़िये आदमी नहीं हैं

उस दिन मैं बहुत दुखी था
जब उसने मुझे कहा था कि मैं भेड़िया कुल का हूँ
उसने मुझे जंगली कहा
कहा कि हमारे सींग होते हैं
कहा कि हम आदमी खाने वाले नरभक्षी असुर हैं
मेरे काले नाखूनों को देखकर
उसने कहा कि यह राक्षस प्रजातियों से है

घर लौटने पर मैंने अपनी माँ को बहुत ग़ौर से देखा
मैं देख रहा था कि मेरी माँ में क्या है जो मुझमें है
उसके शरीर में सींग, पूँछ, दाँत और नाखून खोज रहा था
तब मेरी माँ ने मुझे देखकर बहुत प्यार से एक गीत गया—
"पंडुक के बच्चे तुम बड़े हो जाओगे तो
अपनी प्रियतमा के साथ मेरे लिए गीत गाओगे"
तब मैंने पाया कि मेरी माँ के गीत
दुनिया की लिखी किसी भी पोथी
और ज्ञान से ज़्यादा मधुर हैं और मैं भी उसी का अंश हूँ

उस दिन जो अपनी पोथियों और ज्ञान के भंडार का
सन्दर्भ देकर मुझे जंगली कह गया
मैंने देखा उसके दो हाथ, दो पैर, सिर

और नाक के बीच कोई पूँछ नहीं थी
न ही उसके कोई सींग थे वह पूरा आदमी ही था
और एक दिन जब मैं अपने साथियों के साथ
गाँव में घुस आये भेड़ियों को भगा रहा था तो
रात के अँधियारे में भी मैं पहचान गया कि वे भेड़िये ही थे।

[19.03.2013]

यह पलाश के फूलने का समय है

1.

जंगल में कोयल कूक रही है
जाम की डालियों पर
पपीहे छुआ-छुई खेल रहे हैं
गिलहरियों की धमा-चौकड़ी
पंडुकों की नींद तोड़ रही है
यह पलाश के फूलने का समय है

यह पलाश के फूलने का समय है
उनके जूड़े में खोंसी हुई है
सखुए की टहनी
कानों में सरहुल की बाली
अखड़ा में इतराती हुईं वे
किसी भी जवान मर्द से कह सकती हैं
अपने लिए एक दोना
हड़ियाँ का रस बचाए रखने के लिए
यह पलाश के फूलने का समय है

यह पलाश के फूलने का समय है
उछलती हुईं वे
गोबर लीप रही हैं
उनका मन सिर पर ढोए

चुएँ के पानी की तरह छलक रहा है
सरना में पूजा के लिए
साखू के पत्तों पर वे बाँस के तिनके नचा रही हैं
यह पलाश के फूलने का समय है।

2.

यह पलाश के फूलने का समय है
रेत पर बने बच्चों के घरौंदों से
उठ रहा है धुआँ
हवाओं में घुल रहा है बारूद
चट्टानों से रिसते पानी पर
सूरज की चमक लाल है और
जंगल की पगडंडियों में दिखाई पड़ता है दंतेवाड़ा
यह पलाश के फूलने का समय है

यह पलाश के फूलने का समय है
नियमगिरि से निकले नदी के तट पर
केन्दू पक कर लाल है
हट चुकी है मकड़े की जाली
गुफाओं की ख़बर है
खदानों में वेदान्ता का विज्ञापन टँगा है
साखू के सागर सारंडा की लहरों में
बिछ गई हैं बारूदी सुरंगें
हर दस्तक का रंग यहाँ लाल है

यह पलाश के फूलने का समय है
दूर-दूर तक जंगल का
हर कोना पलाश है
साखू पलाश है
केन्दू पलाश है
सागवान पलाश है
पलाश आग है

आग पलाश है
जंगल में पलाश के फूल को देख
आप भ्रमित हो सकते हैं कि
जंगल जल रहा है
जंगल में जलती आग को देख
आप क़तई न समझें पलाश फूल रहा है
यह पलाश के फूलने का समय है
और जंगल जल रहा है।

[2010]

उलगुलान की औरतें

वे उतनी ही लड़ाकू थीं
जितना कि उनका सेनापति
वे अपनी ख़ूबसूरती से
कहीं ज़्यादा आक्रामक थीं
अपने जूड़े में उन्होंने ईचा बा की जगह
साहस का फूल खोंसा था
उम्मीद को उन्होंने अपने कानों में
बालियों की तरह पिरोया था
हक़ की लड़ाई में
उन्होंने बोया था आत्मसम्मान का बीज

उनकी जड़ें गहरी हो रही हैं
फैल रही हैं लतरें
गाँव-दर-गाँव
शहर-दर-शहर
छहुरो से
पगडंडियों से
गलियों से बाहर
आँगन में
गोबर पाथती माँ
सदियों बाद
स्कूल की चौखट पर पहुँची बहन
लोकल ट्रेन से कूदती हुई

दफ़्तर पहुँची पत्नी
और भोर अँधेरे
दौड़-दौड़कर खेतों की ओर
चौराहों की ओर
आवज़ उठाती
सैकड़ों अपरिभाषित रिश्तों वाली औरतें
ख़तरनाक साबित हो रही हैं
दुःस्वप्नों के लिए

उन्होंने अपने जूड़ों में
खोंस रखा है साहस का फूल
कानों में उम्मीद को
बालियों की तरह पिरोया है
धरती को सिर पर
घड़े की तरह लिये
लचकते हुए जा रही हैं
उलगुलान की औरतें
धरती से प्यार करने वालों के लिए
उतनी ही ख़ूबसूरत
और उतनी ही ख़तरनाक
धरती के दुश्मनों के लिए।

[2009]

ससन दिरी*

इन मृत पत्थरों पर जीवित हैं
हमारी सैकड़ों पुश्तों की विरासत
लेकिन
सरकारी पट्टों पर
इनका कुछ पता नहीं है
ये हमारे घर हैं
और इस तरह
हम बेघर हैं सरकारी पट्टों पर

हमारी विरासत पर दख़ल हुई
सरकारी पट्टों की
एक बार फिर
हम लड़े अपनी सहजीविता से
हथियारबन्द राजाओं के ख़िलाफ़
समय की पगडंडियों पर चलते हुए
इसी तरह हम इतिहास रचते गए
पुरखों के नाम पर पत्थर गाड़कर
हम तैयार होते रहे

---

* ससन दिरी मुंडाओं का सांस्कृतिक विरासत वाला पत्थर है। मुंडारी शब्द 'ससन' का अर्थ 'क़ब्र' और 'दिरी' का अर्थ 'पत्थर है। यह पत्थर पुरखों की स्मृति में, उनके सम्मान में क़ब्र में गाड़ा जाता है। यही पत्थर मुंडा गाँव का मालिकाना चिन्ह होता है। कहा जाता है जब अंग्रेजों ने मुंडाओं से उनके गाँव के मालिक होने का सबूत माँगा था तब वे 'ससन दिरी' को ही ढोकर कलकत्ता की अदालत में पहुँचे थे।

नये मोर्चों पर लड़ाई के लिए,
ये पत्थर
सरकारी चेहरों की तरह पत्थर नहीं हैं
इसमें जंगल के लिए लड़ते हुए
एक पेड़ की कहानी है
जो धराशायी हो गया नफ़रत की कुल्हाड़ी से
एक डाल की कहानी है
जो पंछियों को पनाह देते-देते टूट गई
एक फूल की कहानी है
जो बसंत के आने से पहले झुलस गई
धरती को बचाने में उनका न्यायपूर्ण हस्तक्षेप है
उन्हीं हस्तक्षेपों के साथ जीवित हैं
साखू के पेड़ के नीचे सैकड़ों पत्थर
जो हमें मरने नहीं देते।

[2009]

गंगाराम कलुंडीया*

1.

देश

गंगाराम!
तुम कहाँ मरने वाले थे
पुलिस की गोली से
तुम्हें तो दुश्मन की सेना भी
खरोंच नहीं पाई थी सीमा पर
तुम गोलियों, बम धमाकों
और क्षत-विक्षत लाशों के बीच
सीमा पर लुढ़कते-गुढ़कते-रेंगते
अपनी बन्दूक़ थामे रहने वाले योद्धा थे
तुम कहाँ मरने वाले थे पुलिस की गोली से!!

तुम्हें याद आती रही होगी
ख़ून के छींटों के बीच

---

* गंगाराम कलुंडीया भारतीय सेना के देशभक्त सैनिक थे। 1971 ई. के भारत-पाकिस्तान युद्ध में उन्होंने लड़ाई लड़ी और राष्ट्रपति द्वारा वीरता पुरस्कार से सम्मानित हुए। तत्पश्चात सूबेदार होकर सेवानिवृत्त हुए। इन्होंने पश्चिमी सिंहभूम (कोल्हान) में 'खरकई' नदी में सरकार की ईचा बाँध परियोजना से विस्थापित हो रहे आदिवासियों का नेतृत्व किया तथा विस्थापन के विरुद्ध आन्दोलन चलाया। प्रतिरोध के बढ़ते तेवर को देख पुलिस ने 3 अप्रैल, 1982 ई. को शीर्ष नेतृत्वकर्ता गंगाराम कलुंडीया की गोली मारकर हत्या दी और आन्दोलन का दमन कर दिया गया। यह कविता गंगाराम कलुंडीया और उन्हीं की तरह अपने अस्तित्व और अस्मिता की रक्षा के लिए संघर्ष करने वाले आदिवासियों को समर्पित है।

बेर की कँटीली डालियों पर
फुदकते गाँव के बच्चों की जिद
औरतों के साथ चट्टान के ओखल में
मडुआ कूटती पत्नी का सँझाया चेहरा
और देश के लोगों की आँखों में तैरती मछली की बेबसी
दुश्मनों के गोला-बारूद की
लहरों को रोकने के लिए
तुम बाँध थे गंगाराम
तुम कहाँ मरने वाले थे पुलिस की गोली से!!

तुमने बाँध दिया था 'बाँध'
अपनी छाती की दीवार से
और उसमें अठखेलियाँ करने लगी थी
देश के मानचित्र की रेखाएँ।

2.

देशभक्ति

गंगाराम!
तुम कहाँ मरने वाले थे
पुलिस की गोली से
लेकिन वे आ धमके एक दिन
पुलिसिया दल-बल के साथ
तुम्हारी छाती पर 'बाँध' बाँधने

तुम्हारी छाती—
जिसकी आदि शिराओं में होती हैं नदियाँ
अस्थियों में वृक्षों की प्रजाति
मांसपिंडों में होते हैं मौसमों के गीत
और अखड़ा की थिरकन
तुम्हारी छाती में होती है पृथ्वी
और उसकी संपूर्ण प्रकृति

तुम्हारी छाती पर आए मूँग दलने
तुम्हारे ही देश के लोग

गंगाराम!
तुम देश के लिए हो
या देश तुम्हारे लिए है
संसदीय बहसों और
अदालती फ़ैसलों में नहीं हुआ निर्णय
जबकि तुमने तय कर लिया था कि
तुम लड़ोगे अपने देश के लिए
सलामी देते झंडे के हरेपन के लिए
तुम लड़े थे जंगलों के लिए

जिसको सींच जाती थी पहाड़ी नदी
पहाड़ी नदी की सलामी को
बंधक बनाकर रोक देना
देशभक्त सिपाही की तरह
तुम्हें क़तई स्वीकार नहीं था
तुम नहीं चाहते थे देसाउली और सरना से उठकर
हमारे जीवन में उतर जाने वाली ठंडी हवा
उस बाँध में डूबकर निर्वात हो जाए
उस निर्वात को भेदने के लिए तुम चक्रवात थे
तुमने आह्वान किया शिकारी बोंगा से
तीर के निशाने से न चूकने के लिए
तुमने याद किया पुरखों का आदिम गीत
तुम्हारी आवाज कोल्हान में फैल गई
निकल पड़े बूढ़े बच्चे औरतें सभी
धान काटती दराँती और लकड़ी काटती कुल्हाड़ी लेकर
सदियों से बहती आ रही अपनी धारा को बचाने के लिए
गंगाराम! तुम मुर्गे की पहली बाँग थे
तुम कहाँ मरने वाले थे पुलिस की गोली से।

3.

देशान्तरण

गंगाराम!
तुम कहाँ मरने वाले थे पुलिस की गोली से
तुम्हें तो मृत्यु ने ले लिया था
आकस्मिक अपनी गोद में
जिसके सामने हर कोई मौन है
लेकिन तुम सदैव इस मौन से
मुखर संवाद करते रहे
तुम्हारा अजेय संवाद
आज भी बहस करता है उनके गिरेबान से
जब भी वे क़दम उठाते हैं तुम्हारे देश की ओर

गंगाराम! तुम्हारे मरने पर नहीं झुकाया गया तिरंगा
नहीं हुआ सरकारी अवकाश
और न ही बजाई गई शोकगीत की धुन
तुम्हारे बंधुओं के अलावा
किसी का घर अँधेर नहीं हुआ
तुम्हारे मरने से ही ऊँचा हो सकता था देश का मान
बढ़ सकती थी उसकी चमक
विज्ञापनों में वे कह सकते थे अपने प्रोडक्ट का नाम
गंगाराम! तुम मरे
ऊँचे आसनों पर बैठे लोगों की काग़ज़ी फाँस से
जहाँ हाशिये पर रखे गए हैं तुम्हारे लोग
देशान्तर है जहाँ तुम्हारे ग्लोब का मानचित्र
तुम्हारी आख़िरी तड़प ने
उनके सफ़ेद काग़ज़ों पर कालिख पोत दी

गंगाराम! तुम कहाँ मरने वाले थे
पुलिस की गोली से
तुम्हें तो दुश्मनों की सेना भी खरोंच नहीं पाई थी सीमा पर।

[2008]

तुम अगर आओ

अगर तुम आना चाहो
तो आओ पहाड़ियों पर
एक-एक सीढ़ी चढ़ते हुए
भोर के सूरज की तरह
और लीप दो हमारे आँगन में
उजासपन का गोबर

अगर तुम आना चाहो
तो आओ
हमारे जंगलों में
बसंत की बयार की तरह
और सूखी डंठलों पर भर दो नई कोंपलें

अगर तुम आना चाहो
तो आओ
हमारी ज़मीन पर
बादलों की बेबसी की तरह
और हरी कर जाओ हमारी कोख

अगर तुम आना चाहो
तो आओ
हमारी नदियों पर
पंडुकों की तरह

और अपनी चोंच से
इनकी धार पर संगीत दे जाओ

अगर ऐसा कुछ भी नहीं हुआ
तुम्हारे आने पर
तो—
पहाड़ों से उतर आएँगे हमारे देवता
आग बरसाने के लिए
हमारे पुरखों की पवित्र आत्माएँ
उठ खड़ी होंगी अपने सीने का पत्थर हाथ में लिये हुए

अगर ऐसा भी कुछ नहीं हुआ
तो हमारी माताओं और बहनों को
सामने खड़े पाओगे
तीर-धनुष और कुल्हाड़ी लिये हुए
हमारी कलाओं में नहीं है
कुछ भी धोखे से हासिल करना।

[2010]

आकृतियाँ

मैं चाँद की रोशनी में
अपनी परछाई से बना रहा हूँ आकृतियाँ

मैंने दोनों हाथ अपनी नज़र की सीध में उठाए
बाएँ हाथ को आगे और
दाहिने हाथ को पीछे ताना
यह बनी धनुष चलाने की आकृति

मैंने दोनों हाथ झटके में
छाती की सीध में फेंके
और यह बना भाला

यह कला का छोटा-सा नमूना है
इस तरह बनाई जा सकती हैं कई आकृतियाँ

आकृतियाँ बनाते हुए सोच रहा हूँ कि
किसी भी वस्तु या
आकृति को बनाया जा सकता है
युद्ध कला के लिए हथियार
बशर्ते हमारे पास साहस हो
मुझे लगता है
अखड़ा, नगाड़े, मांदल और गीत
हमारे पुरखों के बनाए हथियार हैं

जिन्हें हम अपने कंधों पर ढोते हैं
हमारी ज़मीन यहीं से पकती है
और हम तैयार होते हैं लड़ने के लिए
जंगलों से न्याय के पक्ष में

लोकगीत में पुरखों के क़िस्से गाते हुए
याद कर रहा हूँ कि
युद्ध भी सांस्कृतिक कर्म है
जब जन की आवाज़ क़ैद हो
जब न्याय के बदले दिए जा रहे हों
मुआवज़े और प्रलोभन

हमारा न्याय सम्मान है
और हमारे लिए सम्मान
किसी नदी या पहाड़ के एवज में
दिया गया मुआवज़ा नहीं
उसके लिए दी गई हमारी शहादत है
सम्मान और गरिमा का सवाल
हमारी रगों में दौड़ते ख़ून में है
न कि उन पोथियों में
जिन्हें किसी राजा ने लिखवाया है
हम गीत गाते हुए लड़ सकते हैं
और लड़ते हुए गीत गा सकते हैं
हम जीवन की संभावनाएँ बचाकर रखते हैं
उन प्रतीक-चिन्हों में जिन्हें
हमारे पुरखा बना गए हैं
नदी, पहाड़, पेड़ और
आकाशगंगाओं की छोटी-छोटी टहनियों में

मैं आकृतियाँ बना रहा हूँ
और देख रहा हूँ आकृतियों को उभरते हुए
यह आकृतियों की पहचान और पक्षधरता का समय है

इस समय उभर रही हैं कई-कई आकृतियाँ
सबसे भयावह दिन में उभर रही हैं
जिनके चेहरे पर सफ़ेद कबूतर का मुखौटा है
जिनके गले में शान्ति की चमकदार तख़्तियाँ टँगी हैं
उनकी पीठ गोला, बारूद, टैंक
और फ़ौजी दस्तों से लैस है
ये घुस रहे हैं हमारे घरों में
गश्त लगा रहे हैं आँगन में हमारे शुभचिंतक बनकर
ये तय कर रहे हैं हमारी ग़ुलामी

इस समय जो आकृतियाँ बना रहा हूँ
सारंडा के जंगल में चाँद की रोशनी से
वे आमेजन की घाटियों में उभर चुकी हैं
पेरू की पहाड़ियों में चढ़ रही हैं
और रेड इंडियन्स
जिनकी सबसे ज़्यादा हत्या की गई
वे स्मृतियों में ज़िन्दा किए हुए हैं पुरखों की बनाई आकृतियाँ
चाँद यहाँ भी है और वहाँ भी
इस तरह तैयार हो रही हैं सैकड़ों आकृतियाँ

आकृतियाँ तैर रही हैं जंगल में
कुछ सखुए की ओट में हैं
कुछ महुए की
कुछ पहाड़ियों पर चढ़ गई हैं निगरानी के लिए
कुछ नदियों में बेड़े तैयार कर रही हैं
यह भूमिगत समय है हमारे लिए
और जो भूमिगत नहीं हैं
वे दुश्मन के शिकंजे में फँसे
किसी फ़रिश्ते की उम्मीद में हैं
उन्हें उम्मीद है कि सूरज की दिशा में बढ़े भूमिगत लोग
एक दिन गुप्त ठिकानों से बाहर
सड़कों और चौराहों पर होंगे

उन्हें उम्मीद है कि
वे यहीं से तय करेंगे
नदियों के लिए पहाड़
और पंछियों के लिए पेड़ों का रास्ता

आकृतियों में सपने हैं
और सपनों में हैं कई-कई आकृतियाँ
साँझ के आसमान में घरों को लौटते
हँसते हुए पक्षियों की आकृति
रात के बाद ओस से लिपी
सुबह की सुनहली आकृति

आकृतियाँ ख़त्म नहीं होतीं
अँधेरे के साथ होती हैं पशुता की आकृतियाँ
और उसके ख़िलाफ़ होती है हमेशा
उजाले की हमारी प्रतिबद्ध आकृति।

[2010]

हमारी अर्थी शाही हो नहीं सकती

हमारे सपनों में रहा है
एक जोड़ी बैल से हल जोतते हुए
खेतों के सम्मान को बनाए रखना
हमारे सपनों में रहा है
कोईल नदी के किनारे एक घर
जिसमें हमसे ज़्यादा हमारे गीत हों
हमारे सपनों में रही है
कारो नदी की छुअन
जो हमारे आलिंगन को और गाढ़ा करे
हमारे सपनों में रहा है
नगाड़े और मांदल की ताल में उन्मत्त अखड़ा

हमने कभी सल्तनत की कामना नहीं की
हमने नहीं चाहा कि हमारा राज्याभिषेक हो
हमारे शाही होने की कामना में रहा है
अँजुरी-भर सपनों का सच होना
दम तोड़ते वक़्त बाँहों की अटूट जकड़न
और रक्तिम होंठों की अन्तिम प्रगाढ़ मुहर

हमने चाहा की पंडुकों की नींद
गिलहरियों की धमाचौकड़ी से टूट भी जाए
तो उनके सपने न टूटें
हमने चाहा कि फ़सलों की नस्ल बची रहे

खेतों के आसमान के साथ
हमने चाहा कि जंगल बचा रहे अपने कुल-गोत्र के साथ
पृथ्वी को हम पृथ्वी की तरह देखें
पेड़ की जगह पेड़ ही देखें
नदी की जगह नदी
समुद्र की जगह समुद्र
और पहाड़ की जगह पहाड़

हमारी चाह और उसके होने के बीच में एक खाई है
उतनी ही गहरी
उतनी ही लम्बी
जितनी गहरी खाई
दिल्ली और अबूझमाड़ के बीच है
जितनी दूरी राँची और जलडेगा के बीच है
इसके बीच हैं
खड़े होने की जिद में
बार-बार कूड़े के ढेर में गिरते बच्चे
अनचाहे प्रसव के ख़िलाफ़ सवाल जन्मती औरतें
खेत की बिवाइयों को
अपने चेहरे से उधेड़ते किसान
और अपनी गलन के ख़िलाफ़
आग के भट्ठों में लोहा गलाते मज़दूर
इनके इरादों को आग से भी ज़्यादा गरम बनाने के लिए
अपनी 'चाह' के 'होने' के लिए
ओ मेरी प्रणरत दोस्त!
हमारी अर्थी शाही हो नहीं सकती

हमारी मौत पर शोकगीत की धुन सुनाई नहीं देगी
हमारी मौत से कहीं कोई अवकाश नहीं होगा
अख़बारी परिचर्चाओं से बाहर
हमारी अर्थी पर केवल एक चादर होगी
धरती, आकाश, हवा, पानी

और आग के रंगों से रँगी
हम केवल याद किए जाएँगे उन लोगों के क़िस्सों में
जो हमारे साथ घायल हुए थे
जब उनकी आँखें ढुलकेंगी
शाही अर्थी के मायने बेमानी होंगे
लोग उनके शोकगीतों पर ध्यान नहीं देंगे
वे केवल हमारे क़िस्से सुनेंगे

हमारी अन्तिम क्रिया पर रचे जाएँगे संघर्ष के गीत
गीतों में कहा जाएगा
क्यों धरती का रंग हमारे बदन-सा है
क्यों हवा की गति हमारे क़दमों से धीमी है
क्यों पानी से ज़्यादा रास्ते हमने बनाये
क्यों आग की तपिश हमारी बातों से कम है

ओ मेरी युद्धरत दोस्त!
तुम कभी हारना मत
हम लड़ते हुए मारे जाएँगे
उन जंगली पगडंडियों में
उन चौराहों में
उन घाटों में
जहाँ जीवन सबसे अधिक संभव होगा।

[2009]

महुवाई गंध

(कामगारों एवं मज़दूरों की ओर से उनकी पत्नियों को भेजा गया प्रेम सन्देश)

ओ मेरी सुरमई पत्नी!
तुम्हारे बालों से झरते हैं महुए

तुम्हारे बालों की महुवाई गंध
मुझे खींच ले आती है अपने गाँव में
और शहर के धूल गर्दों के बीच
मेरे बदन से पसीने का टपकना
तुम्हें ले जाता है महुए की छाँव में

ओ मेरी सुरमई पत्नी!
तुम्हारी सखियाँ तुमसे झगड़ती हैं
कि महुवाई गंध महुए में है

मुझे तुम्हारे बालों से आती है महुवाई गंध
और तुम्हें मेरे पसीने से
ओ मेरी महुवाई पत्नी!
सखियों का बुरा न मानना
वे सब जानती हैं कि
महुवाई गंध हमारे प्रेम में है।

[2008]

रेड इंडियंस पुनश्च : 'तुम्हारे लिए यह धरती दुश्मन का इलाक़ा-भर है'

(एक बार एक गोरे अधिकारी ने रेड इंडियंस की ज़मीन पर क़ब्ज़ा करने के लिए उनके पुरखे से पेंशकश की। उसके जवाब में पुरखे ने उस गोरे अधिकारी से रेड इंडियंस के जीवन के बारे में लम्बी बहस की और उसे किसी भी तरह अपनी ज़मीन देने से इनकार कर दिया। उसने उस गोरे से कहा था कि "तुम्हारे लिए यह धरती दुश्मन का इलाक़ा-भर है जिसे तुम जीतकर आगे बढ़ जाते हो।"

उसके बाद एक बार फिर एक दिन गाँव के बुजुर्ग डोडे वैद्य ने गोंडवाना के युवा गोंड से कहा कि कोंड, डोंगरिया, हो, मुंडा, संताल, उरांव, खड़िया, चीक, असुर सभी आदिम जनों से कह दो कि कंपनियों और अधिकारियों के क़दमों को अपनी तरफ़ बढ़ने से पहले ही रोक दें।)

वहाँ तुमने अपना झंडा गाड़ा
और फ़सलों को रौंदकर आगे बढ़ गए

अब तुम्हारे सामने नदी थी
तुमने नदी का पानी पिया
उसके बाद उसे पहले गँदला किया
ताकि उसे और कोई न पी सके
फिर भी प्यासों ने
गंदे पानी से अपनी प्यास बुझाई
तब तुमने उसे बाड़ लगाकर सोख लिया
अब पक्षी और तितली
बिना पानी के मरने लगे

तुम और आगे बढ़े
तुमने एक और नदी पर क़ब्ज़ा जमाया

तुमने अपने रास्ते के सारे जंगल उजाड़ डाले
जो जानवर तुम्हारी शोभा बढ़ा सकते थे
उन्हें तुमने अपने पिंजरे में क़ैद कर लिया
और जो बाक़ी बचे थे उनका सामूहिक संहार किया
तुमने पहाड़ पर क़ब्ज़ा कर उसकी ऊँचाई काट डाली

तुम धरती के सभी प्राणियों को अनाथ कर विजेता बने हो
तुम्हारे लिए यह धरती दुश्मन का इलाक़ा-भर है
जिसे तुम जीतकर आगे बढ़ जाते हो।

[19.03.2013]

लालगढ़

ऐसा तो नहीं है साहब!
कोई ईंट फेंके
और आप चुप रहें
ऐसा तो नहीं है साहब!
कोई आपके जमीर को चुनौती दे
और आप कुछ न कहें

ऐसा तो नहीं है साहब!
कोई दख़लअंदाज़ी करे
और आप उसकी आरती उतारें
ऐसा तो नहीं है साहब!
धुआँ उठे और आग न रहे
ऐसा तो नहीं है
है न साहब!

कुछ तो है ज़रूर साहब!
जो वातानुकूलित कमरे में
रहते हुए आप महसूसते नहीं
कुछ तो है ज़रूर साहब!
जो रोबड़ा सोरेन
पिछले कई सालों से
नाम बदलकर फिरता है

कुछ तो है ज़रूर साहब!
जो आदिम जनों की
आदिम वृत्ति को जगाता है
कुछ तो है
कुछ तो है ज़रूर साहब
आप ही के गिरेबान में
वरना कोई भी 'गढ़'
यूँ ही 'लाल' नहीं होता

और आप हैं कि
बड़ी बेशर्मी से कह देते हैं कि
बदअमनी के जिम्मेदार
रोबड़ा सोरेन को ज़िंदा या मुर्दा
गिरफ़्तार किया जाए।

[2009]

शहर के दोस्त के नाम पत्र

हमारे जंगल में लोहे के फूल खिले हैं
बॉक्साइट के गुलदस्ते सजे हैं
अभ्रक और कोयला तो
थोक और ख़ुदरा दोनों भावों से
मंडियों में रोज़ सजाए जाते हैं
यहाँ बड़े-बड़े बाँध भी
फूल की तरह खिलते हैं
इन्हें बेचने के लिए
सैनिकों के स्कूल खुले हैं

शहर के मेरे दोस्त
ये बेमौसम के फूल हैं
इनसे मेरी प्रियतमा नहीं बना सकती
अपने जूड़े के लिए गजरे
मेरी माँ नहीं बना सकती
मेरे लिए सुकटी या दाल
हमारे यहाँ इससे कोई त्योहार नहीं मनाया जाता

यहाँ खुले स्कूल
बारहखड़ी की जगह
बारहों तरीक़ों के गुरिल्ला युद्ध सिखाते हैं

बाज़ार भी बहुत बड़ा हो गया है
मगर कोई अपना सगा दिखाई नहीं देता
यहाँ से सबका रुख़ शहर की ओर कर दिया गया है

कल एक पहाड़ को ट्रक पर जाते हुए देखा
उससे पहले नदी गई
अब ख़बर फैल रही है कि
मेरा गाँव भी यहाँ से जाने वाला है

शहर में मेरे लोग तुमसे मिलें
तो उनका ख़याल ज़रूर रखना
यहाँ से जाते हुए उनकी आँखों में
मैंने नमी देखी थी
और हाँ
उन्हें शहर का रीति-रिवाज़ भी तो नहीं आता

मेरे दोस्त
उनसे यहीं मिलने की शपथ लेते हुए
अब मैं तुमसे विदा लेता हूँ।

[2009, सेरामिक आर्ट के आदिवासी कलाकार और मेरे दोस्त मादी लिंडा से प्रेरित]

टूटे पुल के इधर-उधर

टूटे पुल के उस पार
फेंकता हूँ एक डोरी
आदमियत के लिए संघर्ष कर रहे टोलों की ओर से
कि हम पर ही बार-बार लांछन लगाए जाते रहे हैं
हिंसा के, काम के, क्रोध के और चोरी के
कि हम अब भी पशुवत हैं और हमें आदमी हो जाना चाहिए

जब मैं डोरी फेंकता हूँ
तो नहीं होती है उसमें केवल सनई की गाँठ
होती है उसमें आग की ज्वाला
गले का फंदा, सूद और अपमान का विवरण
ज़मीन की माप, दाना और पानी का हिस्सा
भर-भर टोकरी फूल और ख़ुशबू भी

वंचितों, किसानों, मज़दूरों, स्त्रियों, बच्चों की
हमारे खुरदुरे हाथ से बनी सपनीली डोरी को
जब भी फेंकता हूँ उस पार जोड़ने के लिए
काट दिया जाता है बार-बार उधर के लोगों के द्वारा
उनके द्वारा स्थायी पुल बनाने के आश्वासन के साथ
कि उन्हीं के यहाँ हैं
संसार के सारे आदर्श और सुन्दर प्रतिमान
एक बार फिर प्रचारित होती है
वह सपनीली डोरी साँप के रूप में

पिछली सदी की तरह इस सदी में भी
पशुवत घोषित होते हैं इस पार के अल्पसंख्यक लोग

एक कवि एक डोरी फेंकता है अबूझमाड़ से रायपुर की ओर
दूसरा कवि दूसरी डोरी फेंकता है सारंडा से चाईबासा की ओर
तीसरा कवि तीसरी डोरी फेंकता है जलडेगा से राँची की ओर
चौथा कवि चौथी डोरी फेंकता है मणिपुर से दिल्ली की ओर
हर कवि हर बार वही डोरी फेंकता है
हरेक छोटी-सी जगह से दुनिया की राजधानियों की ओर
एक समान नीले आसमान के लिए

टूटे पुल के बीच में बदलता रहता है नदी का रंग
कभी पनीला, तो कभी काला, तो कभी लाल।

सरहुल*

माना कि
कुछ गीत छलनी ज़रूर हुए हैं
हमें कुछ चोट ज़रूर लगी है
कुछ फ़सलें सही उपज नहीं दे पाईं
कुछ घड़े पानी लाते वक़्त ही टूट गए
हज़ारों साल के प्रवाह में
नदी के तट आड़े-तिरछे कटे तो हैं
लेकिन देखो साखू को
फिर भी वह लक-दक कर सजा है
तुम्हारी ही प्रतीक्षा में है
कुछ बोलो गीत के बोल

यह हमारी ही धरती है, यह हमारा ही देस है
कभी हो सकता है कि हमने
अपनी ही धरती में अजनबी महसूस किया हो
हो सकता है कि पड़ोसी ने ही जान-बूझकर हल की फाल
हमारे खेत की मेड़ की तरफ़ घुसा दी हो
लेकिन इतने भर से तो
हम तोड़ नहीं सकते बासंती रिश्ते
ख़त्म नहीं हो जाती उसकी फागुनी हँसी

---

* आदिवासी समाज का सबसे बड़ा त्योहार। इसमें साल वृक्ष के फूलों की पूजा की जाती है और उसे एक-दूसरे को वितरित किया जाता है।

रंग और रिश्ते तो हमारे अपने हैं
सदियों से सरहुल में घुलते हुए

ये लो फूल आओ तुम्हें खोंस दूँ
ये लो गीत आओ तुम्हें सौंप दूँ
आओ, मेरे हाथ में हाथ दो
आओ, गुँथ जाओ अखड़ा में
आओ, सभी दिशाओं से सब आओ
पंडुक आओ, पपीहा आओ, गिलहरी आओ,
आओ, हूल के शहीदों आओ
आओ, हूल के बाशिंदों आओ
आओ, धूप के हमलों से पहले
आओ, फूलों के मुरझाने से पहले
आओ, कि सरहुल है हूल के लिए
आओ, कि हूल है सरहुल के लिए
सरहुल-हूल, हूल-सरहुल
लय है संपूर्ण जीवन की,

आओ, एक दोना हड़ियाँ देवताओं को चढ़ाकर
अपनी पवित्रता और निश्छलता बनाएँ रखें
आओ, साझा करें मांदल और अखड़ा
आओ, फफोले पड़ती आत्मा को भर दें गीतों से
आओ, सरहुल को हम घायल और आहत होने न दें
आओ कि धरती आज फिर उम्मीदों से भरी है।

[2013]

रेलगाड़ी और ठंड

"क्या रेलगाड़ियाँ ठंड से ठिठुरती हैं...?"
यह ख़याल आते ही मुझे ध्यान आता है कपड़ों का
जो उतार दिए गए हैं पहाड़ों, पेड़ों
जुगनुओं और तितलियों की देह से जबरन
उनकी देह पर न कम्बल होता है
न कोई गरम कोट
नंगे बदन वे बेतरतीब चले जाते हैं
कारख़ानों में, खदानों में, खेतों में
और एक दिन अँधेरा ढँक देता है
अपनी चादर से उनकी लाशों को

मैं सोचता हूँ
हमारी देह भी अगर लोहे की बनी होती
तो हमें भी ठंड नहीं लगती
हम भी निर्ममता के साथ
कुचल सकते हैं किसी भी मौसम को
लेकिन तभी दादी पालू बुढ़िया की आवाज़ सुनाई देती है
कहती है कि
उम्र-भर बुनकरी करने के बाद भी वह नहीं चाहती
अपने बच्चों की देह को बनाना रेलगाड़ी की तरह
वह जानती है

जंगली गाँव से होकर गुज़रती है रेलगाड़ी
और सभी सहजीवी काँपते हैं, ठिठुरते हैं, सिहरते हैं

शायद...! रेलगाड़ियों को ठंड नहीं लगती है
वे लोहे की बनी होती हैं
खदानों से निकलती रेलगाड़ी
धान के खेतों से गुज़रती है रेलगाड़ी
हॉर्न बजाते हुए मालिक बनकर निकलती है रेलगाड़ी
जमाखोर होकर निगलती है रेलगाड़ी
और गाँव के श्रमिक जन
कोलाहल में ख़ुद को समेटते हुए पीट रहे होते हैं नगाड़े
ठंड का प्रकोप फैलने लगता है
सूक्ष्म तीख़ी हवा भेदती है कलेजा
आधी रात को अपने बचाव में लोग
जुटने लगते हैं अलाव के सामने

हॉर्न बजाते हुए निर्ममता के साथ
चली जाती है रेलगाड़ी राजधानी की ओर
और पालू बुढ़िया के क़िस्सों में पसरता जाता है यह दृश्य
खेती के दिनों में उसकी बेतरा[1] में
नवजात बच्चा समझ रहा होता है रेलगाड़ी और ठंड का मतलब।

[2012]

1. बेतरा—गोद

अकथ-कथा

मैं कुछ चाहता हूँ तुमसे
'क्या चाहता हूँ?'
हाँ, कुछ तो ऐसा चाहता हूँ मैं तुमसे
जो नहीं है ब्रह्मांड में कहीं भी, किसी के पास
'मैं क्या चाहता हूँ?'
लेकिन मैं कुछ चाहता हूँ तुमसे ही

मैं चाहता हूँ तुम शिल्पी हो जाओ
और मैं अनगढ़ पत्थर
तुम मुझे एक सुन्दर मूर्ति बना देना
लेकिन क्या मैं चाहूँगा चौराहे की मूर्ति होना
जिस पर आते-जाते लोग थूकें बेध्यान होकर पान की पीकें?
क्या मैं चाहूँगा तुम्हारा शिल्प अपमानित हो इस तरह सरेआम?
तो फिर मैं क्या चाहता हूँ तुमसे..?

लाल रंग है मेरी चमड़ी के अन्दर की देह का
उसे सुबह की लालिमा के साथ घोलकर बिखेर देना चाहता हूँ
तुम्हारे लाल होंठों को चूमकर
बना देना चाहता हूँ उसे ब्रह्मांड में चेतना का रंग
क्या मैं ऐसा ही चाहता हूँ?
तुम्हारी बिन्दी से, तुम्हारी बालियों से, तुम्हारे वक्ष से
क्या मैं चाहता हूँ प्रत्येक अणु का रंग एक ही हो?

यह मैं क्या चाहता हूँ?
क्या मैं चाहता हूँ तुम्हारे बहाने तानाशाह हो जाना दुनिया के लिए?

आख़िर मैं क्या चाहता हूँ तुमसे?
क्या मैं तुमसे चाहता हूँ तुम्हारा प्यार
क्या मैं तुमसे चाहता हूँ तुम्हारा स्पर्श
क्या मैं तुमसे चाहता हूँ विद्रोह
क्या मैं तुमसे चाहता हूँ समर्थन
क्या मैं तुमसे चाहता हूँ साम्यवाद
क्या मैं तुमसे चाहता हूँ मेरा जंगल
मैं क्या चाहता हूँ तुमसे...?

'शायद मैं चाहता हूँ तुम भी मुझे ऐसे ही चाहो
क्या मैं चाहता हूँ तुम भी ऐसे ही चाहो...?'

[2014]

तुम्हारी गति और समय का अन्तराल

(अपनी तुतलाही बेटी के लिए जो कि मेरे बाद (जैसा कि मैं उसके दादाजी के बाद) पुनर्वास नीति की बेहया रिपोर्ट पढ़ेगी और विस्थापन उसका मुँह चिढ़ाएगा।)

ओ मेरी बेटी तुतरू!
माँ से क्यों झगड़ती हो?
लो तुम्हारा खिलौना
तुम्हारा मिट्टी का घोड़ा
लो इस पर बैठो और जाओ
जंगल से जंगली सुअर का शिकार कर लाओ
ये लो धनुष अपने पिता का...

ओ...ओ...तो तुम अब जा रही हो
घोड़े पर बैठकर शिकार के लिए
तुम्हें पता है शिकार कैसे किया जाता है?
कैसे की जाती है छापामारी..?
रुको...! अपने घोड़े को यहाँ रखो
बगल में रखो धनुष
और लो ये पेंसिल और काग़ज़
पहले इससे लिखो अपना नाम
अपने साथी पेड़, पक्षी, फूल, गीत
और नदियों की आकृति बनाओ
फिर उस पर जंगल की पगडंडियों का नक़्शा खींचो
अपने घर से घाट की दूरी का ठीक-ठीक अनुमान करो

और तब गाँव के सीमांत पर खड़े पत्थरों के पास जाओ
उनसे बात करो, वे तुमसे कहेंगे तुम्हारे पुरखों की बातें
कि उन्हें अपने बारे में लिखने के लिए
कम पड़ गए थे काग़ज़
कि इतनी लम्बी थी उनकी कहानी
कि इतना पुराना था उनका इतिहास
कि इतना व्यापक और सहजीवी था उनका विज्ञान
तुम लिखो इन सबके बारे में
कि चाँद, तारे, सूरज और आसमान की
गवाही नहीं समझ सके हत्यारे
और तब हवा के बहाव और घड़ी का पता लगते ही
तुम दौड़ती हुई जाओ उस ओर
जहाँ जाड़े में जंगल का तापमान ज़्यादा है
जहाँ तुम्हें तुमसे अलग गंध महसूस हो, शिकार वहीं है

ओ मेरी बच्ची!
अब तुम्हारी गति और समय में अन्तराल नहीं होगा
तुम्हारा निशाना अचूक होगा और दावेदारी अकाट्य।

[26.09.2013]

साँवली संगी

(भूमकाल की महिला कॉमरेडों के लिए जो यह जानती हैं कि 'एक और भूमकाल' के हुए बिना 'परियाँ' केवल 'मन बहलाने' की कहानियों में आती रहेंगी।)

अखड़ा में नाचती हुई
वह नदी लगती है
बहती हुई
हवा
और गीत गाती हुई पंडुक

कभी तेज़, कभी मद्धम
कभी बैठ जाती है
तो कभी तेज़ी से उछल जाती है
आगे-पीछे हिचकोले लेते हुए
महुवाई गंध के पाश में
बाँध लेती है माँदल बजाते करिया को

जब बोलती है वह
तो महुवे भूल जाते हैं
अपनी टहनी को पकड़े रहना
और टपक पड़ते हैं फुदुक से

ओस की बूँदें बुला लाती हैं सूरज को
अपने आँगन में
उसका तेज़ देखने के लिए

गेठी और कुजरी की लतरें
आपस में ही उलझ जाती हैं
उससे पहले मिलने की होड़ में

पेड़, नदी, पहाड़
और पत्थरों से बतियाती हुई
वह अखड़ा में उतरती है
और अखड़ा उतरता है उसकी आत्मा में

अखड़ा से बाहर वह
खेतों में धान रोपती हुई
बारिश लगती है
पत्थर तोड़ती हुई
हथौड़ा
और धान काटती हुई हँसुआ

अखड़ा से बाहर अखड़ा के लिए
कंधे पर लोहे का भार सँभाले
लाल हुई जा रही है
सवाल सँजोती साँवली संगी।

[18.01.2014]

एक प्रेमयात्रा : राउरकेला

नागपुरी ऑडियो गीत सुनते हुए
शंख नदी से उठती हुई
तुम्हारी धड़कनें सुनता था
तब राउरकेला मेरे लिए अप्रतिम कल्पनाओं का शहर था
मुझे लगता था उड़हुल के फूल यहीं खिलते हैं
और लोग यहीं तक पहुँचने के लिए दुनिया की सैर करते हैं

अब भी शंख नदी को मुड़-मुड़कर देखता हूँ
अब भी लगता है किसी घाट पर
कपड़ा पछीटते हुए तुम दिख जाओगी
अब भी सोचता हूँ वहाँ उड़हुल के फूल ज़रूर खिलते होंगे

रह-रहकर जेहन में गूँजता है
'ट्राइबल प्रोडक्शन' का वही गीत
जिसे कुछ बूढ़े सुनना नहीं पसन्द करते
जिसे वे भ्रष्ट गीत कहते हैं
मैं रह-रहकर गुनगुनाता हूँ—
'राउरकेला आली दिल चुराय लेले कसम से'

शंख नदी से गुज़रते हुए मुझे अब भी लगता है
प्रेम के कुछ शब्दों के साथ

धरती में कहीं भी राउरकेला हो सकता है
कहीं भी हो सकता है उड़हुल के सिंदूरी फूलों का शहर
कि नदी से बिछुड़े हुए लोगों को
एक बार तो उससे मिलने दिया जाय।

[28.04.2015]

पिता का एक अलिखित ख़त माँ के नाम

(माँ-पिताजी के संघर्ष को)

हम अपनी बातें शुरू कर सकते थे
किसी भी फ़िल्मी गीत से
या किसी भी नाटक के रोमांटिक दृश्य से
लेकिन हमने बात शुरू की जंगलों की
जहाँ बर्फ़ की तहें जमी थीं
क़ानून की किताबों से लिपटी हुईं

जब प्रेम एक अजनबी रिश्ते को नाम दे रहा था
हमने बात शुरू की उन मछलियों के बारे में
जो बर्फ़ की तहों के नीचे क़ैद थीं
हमने देखा यह जबरन जमाई गई है
जिनको हटाए बिना मछलियों के लिए
संभव नहीं है कोई भी आसमान
उन्हीं दिनों हमने
एक-दूसरे के ताप को समझना शुरू किया था

हम पर्यटक नहीं थे, हम प्रेमी थे
बहुत सुंदर था वह पल
जंगल में झींगुरों के बीच का अकेलापन
तुम जानती हो उन दिनों
बन्दूक़ भी चमक उठती थी चाँदनी रात में
हमने एक-दूसरे को बाँहों में ऐसे ही भरा था
एक एहसास हमें बेचैन किये हुए था

कि मछलियों से छीनी जा रही है नदी
और नदियों के नहीं होने से
नहीं है कोई भी संगीत प्रेमियों के लिए

आज साखू के तीस पत्तों को पलटकर देखता हूँ
तो अचानक चिहुँक उठता हूँ
तुम बहुत जल्दी बन्दूक़ चलाना सीख गई थी
बारबेड़ा में हमला होता था और
किसी भी सरकारी काग़ज़ में दर्ज नहीं होती थी वह घटना
प्रतिरोध की आँखें उठती थीं
और सरकारी जासूसों की निगाहें
टँग जाती थीं साखू की टहनियों में
टाटी से टोन्या, ओड़गा से जलडेगा
राउरकेला से राँची तक कितनी बार हमने
नदी को अपने भीतर बहते हुए महसूस किया
बड़ी मछली और छोटी मछली के मुहावरे के बीच थी हमारी दुनिया

हम पिघलते रहे हैं अपने ही ताप से
जलते हुए ही देह से निकल सकती थी ऊर्जा
आज हम कितने समृद्ध हैं कि हमने अपना सब कुछ दे दिया
अस्थियाँ जो कुछ भी रह गई हैं हमारी देह में
वह भी ताप में ही तब्दील होकर अपनी उम्र पूरी करेंगी

ओ...!!! तुम्हारा प्रिय सम्बोधन भी मैं भूल रहा हूँ
केवल एक रूप है जो नाचता रहता है हमेशा ज़ेहन में
हाँ, मैं तुम्हें कह सकता हूँ महानायिका
हाँ, मैं तुम्हें कह सकता हूँ क्रांति की दूत
हाँ, मैं तुम्हें कह सकता हूँ महास्वप्न
ओ! मेरे बच्चों की माँ
ओ! मेरी जान...ये सारे शब्द तो घुल गए हैं जीवन-संग्राम में
मैं यहाँ जंगलों में ढूँढ़ता हूँ वही शब्द
जो शहादत के विशेषणों के साथ फैल रहे हैं जंगल के दूसरे हिस्सों में।

[2014]

कोयलकारो के तट से

(सोम मुंडा और दयामनी बारला को समर्पित)

आग्नेय चट्टानों पर लिख रहा हूँ
अखड़ा की लय और ताल
इसे तुम चुन लेना
सखुआ, महुआ या चिरौंजी की तरह
और ध्यान रहे
इन्हें बिचौलियों के हाथ नहीं लगने देना।

[2015]

ग़रीब मंच की औरतें

ये ग़रीब मंच की औरतें हैं
ये बहुत ही ख़ूबसूरती के साथ
हवा में लहराकर
हँसुए से लिख सकती हैं
ईमान की बात
एक साथी कहता है
ये कैथर कलाँ की औरतें हैं
(इनकी बाजुओं से ही दुनिया की सूरत बदलेगी)

ये अभी-अभी जुलूस से लौटी हैं
इन्होंने डीएम का घेराव किया है
भू-माफ़ियाओं की साज़िशों के ख़िलाफ़

ये अब बैठी हैं विचार गोष्ठी में
और पूरे ध्यान से सुन रही हैं वक्ताओं को
कविताओं को गुन रही हैं अपने अर्थ के साथ
इनमें से अधिकांश पढ़ना भी नहीं जानतीं
लेकिन वे जानती हैं लड़ने के दाँव-पेंच

वे विचारों को माँज रही हैं
एक युवा उनसे सीखने की बात करता है
उनके जीवन अनुभवों को वास्तविक ग्रन्थ कहता है
उसकी बातों से उनके रोम-रोम में

दौड़ती है बिजली की लहर
और उनकी सिकुड़ती चमड़ी में
चमक पैदा होती है समर्थन के शब्द सुनकर

ग़रीब मंच की औरतों में
ग़रीबी का रुदन नहीं है
कहीं नहीं है भिक्षा का भाव
उल्लास है उनकी भंगिमाओं में
वे हँसती हैं, बोलती हैं, पूछती हैं
उनकी सोच में नहीं है
बिकने का भाव और सुविधाओं की सेंध
उत्पीड़न के ख़िलाफ़ वे पूरी ताक़त के साथ
सलाम की मुद्रा में अपनी मुट्ठियाँ उठा देती हैं।

[25.07.2016]

ओ मेरे सिरजक साथी!

(अपने दोस्तों को उनके प्रेम-विवाह पर समर्पित)

आस-पास ही कहीं पृथ्वी पर
बर्फ़ का मरुस्थल है
ठिठुरते हुए सूर्योदय के साथ
वहाँ मिट्टी है
आग भी है
लेकिन नहीं पहुँचा है
वहाँ कोई सिरजक यात्री

तुमने देखा है वह मरुस्थल
तुम जानते हो उसके बारे में
तुमने सपनों में
कई बार की है उसकी चर्चा
गुनगुने स्पर्श और तवाई आँच के बिना
वहाँ नहीं अंकुरित होते बीज
नहीं उगती घास

तुमने कहा है
खूँटी के दक्षिण
टेबो घाटी से भी
ज़्यादा दुर्गम और घना है वह
जो घर, परिवार, आँगन
और रिश्तों के उतार-चढ़ाव के बीच

कहीं पसरा हुआ है
पलायन से बेघर हुए
लोग भी हैं वहाँ
तुमने कहा है
संयम से सींचकर हरा करोगे उसे
साझेपन के ताप से
पिघला दोगे उसे

अब तुम्हारी हथेलियाँ मज़बूत हुई हैं
साथी हथेली के मिलने से
तुम्हारी खुली हुई बाँहों को मिली है
खिली हुई साथी बाँहें
कोहरे की परत हटते ही
तितलियाँ फूलों में उतर आई हैं
गीत और माँदल की साक्षी में
तुम्हारा प्रेम कल्पना से उतरकर
पृथ्वी पर सिरजक बनने को आतुर है

ओ, मेरे सिरजक साथी!
तुम्हीं कुम्हार हो
मिट्टी को सुन्दर बनाने वाले
तुम्हीं किसान हो
मिट्टी को जीवित करने वाले
तुम्हारे होते हुए
नहीं रह सकेगा कोई भी कोना मृत और बंजर।

[2013]

भँवर में प्रेम और युद्ध की कविताएँ

1.

जीवन क्या है—
"मुठभेड़ में मृत्यु
या, समूह का गान...?"
और प्रेम—
"केंदु के पत्ते बेचकर
प्रियतमा के जूड़े सजाना...?"

ओह! कितना आनंद बिखरा हुआ है यहाँ
हम चुनते हैं इसे महुए की तरह

लेकिन अब
हम महुए से शराब नहीं बनाएँगे
पत्र लिखेंगे प्रधानमंत्री के नाम
कि चिड़ियाघरों
और अभयारण्यों के उद्घाटन के साथ
वे यह भी घोषणा करें कि
उनकी सरकार केवल मृत्यु का अभिनंदन करती है
और तब हम
अपने-अपने घरों से निकलकर
शरणार्थी शिविरों में चले जाएँगे।

2.

तुम्हें भी साथ ले चलूँ
मछली छीटने
अपने साथियों के साथ...?

अबकी तुम रुको
बरसात का पानी
उतर जाने दो नदी से
सब्र करो
यह उफान ज़रूर उतरेगा

बाढ़ से जोख़िम भरा है मछुआरा जीवन
पानी फैला है हमारे चारों ओर
खेतों में, घरों में, पगडंडियों में
इसके शोर से
सहम गए हैं जंगल के दरख़्त
इसका बहाव घातक है

तुम रुको!
तुम्हारे साथ मेरा बीज है गर्भ में
संभावनाएँ हम दोनों में हैं
लेकिन अबकी तुम रुक जाओ
अभी एक और सपना पल रहा है
तुम मेरा इन्तज़ार करना।

3.

तुम्हें प्यार करता हूँ
युद्ध की इन परिस्थितियों में भी

यह मुझसे क़तई संभव नहीं कि
इस जीवन में केवल प्यार करूँ या

न्याय और हक़ की लड़ाई में
तुम्हें अकेला छोड़ दूँ
संगी!
यह लड़ाई तो हमें ही लड़नी होगी
और कोई नहीं आएगा हमारे लिए गीत गाने
हम संभव कर सकते हैं कुछ भी
साथ रहते हुए
प्रेम करते हुए और लड़ते हुए
हम प्यार करते हुए भी लड़ाई जारी रख सकते हैं
और लड़ते हुए प्यार भी
हमें हिम्मत सँजोकर रखनी होगी
जैसे कि हमने एक-दूसरे को
सँजो रखा है एक-दूसरे के दिल में

एक दिन ज़रूर हम पहाड़ की तराई पर
एक-दूसरे की बाँहों में लेटे हुए
साँझ की ललाई में
पश्चिम से उभरते पक्षियों को
घर की ओर लौटते देखेंगे
और इन्द्रावती
अपने बच्चों को दूध पिलाकर
आत्मिक शान्ति से भर जाएगी
हाँ, यही उम्मीद लिये ही तो
हम प्यार करते हैं एक-दूसरे से
अपने बच्चों से, अपनी मातृभूमि से

हाँ प्रिये! यह उम्मीद
आँखों में चमक तो पैदा करती है
लेकिन यह वैसी ही पथरीली है
जैसे कि हमारी गोंडी किसी बाहरी के लिए
और जब प्रेम की वास्तविक ज़मीन पर होता हूँ
तब मोर्चाबन्दी के मैदान पर

अपने मृत्यु के ख़याल से
तुम्हें और अधिक प्यार करने लगता हूँ।

4.

तुम्हें याद करता हूँ
जेल की अँधेरी कोठरी में घुसती
सुबह की पतली रोशनी से
और उस टूटी छत की छोटी फाँक से
रोज़ तुम तक पहुँच जाता हूँ

मुझे अच्छा लगता है तुम्हें देखकर
कि तुम बच्चों को
स्कूल जाने के लिए तैयार कर रही हो

तुम्हारी ख़ूबसूरती
और तुम्हारे प्यार-सा अहसास
उनकी दुनिया में मुझे दिखाई नहीं देता
जो यहाँ रोज़ सुबह
झंडा फहराते हैं और राष्ट्रगीत गाते हैं

5.

क्या तुम्हें भैंसों के लिए
अभी भी जंगल जाना होता है
उन्हें घुरा लाने के लिए?

उन्हें कहना
बहुत दिनों तक
उदास नहीं रहना होगा
हल और खेतों को

कहो कि
वे जल्दी ही घर लौट आएँ।

6.

जेठ का महीना है
घर में अनाज अब नहीं होंगे
तुम रोज़-रोज़ भटकती होगी
कभी जंगल तो कभी शहर
और यही हाल
गाँव की सभी औरतों का होगा
बीच-बीच में चिड़ीमारों की
छापामारी भी परेशान करती होगी
गाँव में बचे पुरुष
रात को ही लुक-छिपकर आते होंगे

हमने तो अपनी ज़मीन में
कभी नहीं खेती की थी
झूठे मुक़दमों और गिरफ़्तारी की फ़सलें
फिर भी हम इसकी फ़सल काटने को मजबूर हैं

हमारे बच्चे
अब समझदार हो गए होंगे
इतने समझदार कि
भूख लगने पर रोते नहीं
सपने देखते होंगे

ओ मेरे बच्चों की माँ!
उन्हें समझदार ज़रूर बनाना
लेकिन इतना नहीं कि
वे अपना बचपना भूल जाएँ।

7.

हमारे ही बीच के
कुछ लोगों ने की है मुख़बिरी

उनके कन्धों पर ही वे टिके हैं
मुझे पता है तुम उम्र-भर
उनसे बात नहीं कर सकोगी

लेकिन उनके बच्चे
हमारे बच्चों के साथ खेलते हैं
और हमारे बच्चे भी उनके बच्चों के साथ

तुम उनके बच्चों से जरूर कहना कि
बच्चों की किलकारी से ही
इन्द्रावती ख़ुश होती है
और यह बात
उन्हें भी अपने होने वाले बच्चों से कहनी चाहिए।

8.

उससे कहना
वह बीज है
और जो कुछ भी वह देख रहा है
एक पेड़ के लिए हो रहा है
वह भी बड़ा होकर एक दिन पेड़ बनेगा
सिम्बुआ बुरू का पेड़
गीदम घाटी का पेड़
इन्द्रावती को चूमने वाला पेड़
दामोदर को चूमने वाला पेड़
एक पेड़ पंछियों का घर

ओ मेरी दु:खों की ढाल
अपने लाल से कहना
पेड़ भी घर होते हैं
भले ही हमारा घर जला दिया गया हो
लेकिन अभी कुछ पेड़ बाक़ी हैं
और कुछ उग रहे हैं।

9.

कुछ दिन और प्रतीक्षा करो
मैं ज़रूर आऊँगा
झूठे मुक़दमे बहुत दिन तक नहीं चलेंगे
भले ही बहुत क्रूर हों
वे अपने न्याय को
बेहतर दिखाने की कोशिश करेंगे

हो सकता है यह मुझ पर न लागू हो
लेकिन हमारे भाई बहुत दिन तक
इस अँधेरी कोठरी में नहीं रहेंगे
उम्मीद करो और यह उम्मीद
वैसी ही होगी जैसे
महुए के फूल नहीं हुए तो
साखू के फूल ज़रूर होंगे और
हम फिर से सरहुल की ताल पर झूमेंगे

ओ मेरी सरहुल, हूल के दिनों में।

10.

तुम कभी बस्तर से लौट जाती हो
कभी चाईबासा से, कभी बन्दगाँव से
तो कभी थोल्कोबाद और छोटानगरा से
बच्चे तुम्हारा चेहरा देखते हैं
लेकिन वे अब तुमसे नहीं माँगते
गुलगुला, झालमुड़ी या लोक्ठो[1]
वे तुम्हारे पल्लू से लिपटकर
उसे चुपचाप चबाते जाते हैं

तुमने कभी सोचा भी नहीं था
क़ानून और संविधान का चक्कर काटना

1. गुलगुला, झालमुड़ी, लोक्ठो—देसी खाद्य पदार्थ

तुम्हारे लिए तो
हतना बुरू[1] से ज़्यादा गोल
कुछ भी नहीं है इस धरती में
सुबह दातुन के लिए गई
दोपहर बकरी चराई और शाम को
'आरअ: गड़ा'[2] का पानी
घर ले आई पीने के लिए
और रात को हतना बुरू
मदहोश हो उठता था तुम्हारे प्रगाढ़ स्पर्श से

इतना-सा ही तो है हमारा ब्रह्मांड
हमारी परिक्रमा, हमारा घूर्णन कक्ष
हमारी धरती, सूरज, चाँद और उपग्रह
हतना बुरू के सिवा और क्या है
सारंडा जंगल का उपग्रह हतना बुरू...

उनके लिए हतना बुरू एक गर्भवती स्त्री है
उन्होंने उसकी सोनोग्राफ़ी की है
और वे अब उसकी हत्या करना चाहते हैं
वह स्त्री एक बच्ची को जन्म देना चाहती है
वे चाहते हैं कि उसके गर्भ से पैदा हो
लोहा, बॉक्साइट और मैंगनीज
गर्भवती स्त्री हमारी बहन, हमारी सखी
उसके लिए हमने असहमति दर्ज कर दी है
और एवज में हमारे ऊपर ही
लगा दिया गया है भ्रूण-हत्या का मुक़दमा

वे अनगिनत सदियों की
हमारी पुरखा परिक्रमा को बदल देना चाहते हैं

---

1. 'हतना बुरु' सारंडा जंगल में एक पहाड़ का नाम है, सारंडा जंगल एशिया का सबसे विस्तृत जंगल है। यह सात सौ घने जंगलों वाले पहाड़ों का समूह है। यह खनिज से भरपूर जंगल है। यह पश्चिमी सिंहभूम में है। ऑपरेशन ग्रीन हंट की श्रृंखला में यहाँ आदिवासियों का भयानक दमन हुआ है।
2. 'आरअ: गडा' एक नदी है जिसका पानी लाल है।

बदल देना चाहते हैं हमारा ब्रह्मांड
हमारे तारे, नक्षत्र और ग्रह-उपग्रह
देखो! चिड़ीमारों की टोलियाँ उतरी हैं
छावनी लेकर हमारी ज़मीन पर
हमारे खेत उनके हैलीपैड बन रहे हैं

मुझे धक्का देकर गिरा दिया गया है
मैं गिरता हूँ पृथ्वी से अलग दूर
किसी अनजान अँधेरे ग्रह में
तुम हाथ बढ़ाती हो मुझे थाम लेने के लिए
ब्रह्मांड में फैले धूल, गर्द, कोहरे और बादल के टुकड़े
बनाते हैं एक आवरण हमारे-तुम्हारे बीच

तुम अब एक गवाह हो
सरकारी दफ़्तरों, राजनीतिक आवासों,
थाना, जेल और कचहरी की परिक्रमा के बाद भी
तुम डिगती नहीं अपने अक्ष से
तुमसे लिपटे बच्चे कुतर डालते हैं तुम्हारा पल्लू
और इस तरह
धीरे-धीरे बनता है एक शिशु-ग्रह का अस्तित्व

जेल की कोठरी में
मुझे याद आने लगती है
हमारे पहले-पहले प्रेम के दिनों की
पहली-पहली लुका-छिपी
सूरज डूबता है, साँझ ढलती है, रात पसरती है
दो तारे उदित होते हैं और पिघलते हैं रात-भर।

11.

हम यह नहीं सोचते कि
हमारी लड़ाई कब तक चलेगी
हमारे पुरखों ने भी इसके बारे में सोचा नहीं था

अगर लड़ने से हमारे पुरखे डर गए होते
तो शायद अभी हम ग़ुलाम होते
हमारे लिए यह किसी सदी या दशक की बात नहीं है
अनजान नदी के उद्गम की तरह
लम्बा और पुराना है इसका इतिहास

हाँ, तुम ज़रूर सोचती हो कि
कब मैं जेल की कोठरी से बाहर घर आऊँगा

तुम ठीक वैसे ही सोचती हो
जैसे चिड़ीमार सोचते होंगे
कि कब वे हमारे जंगलों से वापस अपने घर लौटेंगे।

12.

यहाँ और भी क़ैदी हैं
इस बैरक में
जो नहीं जानते हैं
हमारी लड़ाई को
हाँ वे इतना ज़रूर जानते हैं
इस समय इस दुनिया में
राजनीति और सरकारें
अपनी सुविधा से परिभाषित कर रही हैं
न्याय और देशभक्ति को
और हम आसानी से देशद्रोही साबित हो रहे हैं

मेरे साथ यहाँ
कुछ मज़दूर हैं, कुछ लोहार
कुछ चमड़े के पेशे में थे, कुछ बुनकर
तुम्हें आश्चर्य होगा कि
कुछ मास्टर भी हैं जिन पर आरोप है कि
उन्होंने निर्धारित पाठ्यक्रम का पालन नहीं किया है
और भी हैं वैसे, जिन्हें तुम जान नहीं सकोगी

कि क्यों उन्हें अपराधी माना जाता है
जबकि सब इंसान हैं
इनमें से कुछ बेरोज़गार युवक भी हैं
अगर कहा जाए कि उनकी ही संख्या ज़्यादा है
तो उनका एक दस्ता बन सकता है अलग से

हम सब एक ही बैरक में बन्द हैं
एक ही जेल अधिकारी
हमारे लिए आदेश जारी करता है
और हम चुपचाप
उसका आदेश मानने के लिए
पंक्तियों में खड़े हो जाते हैं
जेल अधिकारी और उसके सहोदर
हमारे बारे में जानते हैं
कि 'हम एक ही हैं'
और यह बात हम नहीं समझते

अगली सुनवाई होने तक
आख़िरी बार लिख रहा हूँ
बच्चों से कहना
बैरक और जेल अधिकारी
अलग से ऐसी कोई जगह नहीं है
जहाँ उसके पिता क़ैद हैं
यह हमारी ही दुनिया है
जो लगती तो खुली हुई है
लेकिन हम क़ैद हैं

13.

चारों तरफ़ फैला है धुँआ
केवल एक आकृति है
जिसे मैं पहचानता हूँ

ज्यों-ज्यों धुआँ गहराता है
वह आकृति मेरे और क़रीब आती है
समुद्र की लहरें शोर मचाती हैं
और राहतकर्मी तट से लौट जाते हैं
लेकिन वह दौड़ी चली आती है मेरे और क़रीब

एक नाविक की भाँति
बीच भँवर में फँसा हूँ
मैं उसे पहचानता हूँ और वह मुझे
लेकिन हमें अपनी पहचान छुपानी भी है चिड़ीमारों से

इस वक़्त मैं सिर्फ़ उन पलों को याद कर सकता हूँ जो बीत गए हैं
बहुत याद आती है हमारी वह उत्तेजना
जो बसंत के आने का इन्तज़ार नहीं करती थी
जिसे मैं समुद्र की पागल लहरें कहा करता था
दरअसल हम उससे इसी दिन के लिए सुरक्षा कवच बना रहे थे
मेरे सोहराई[1] और दसईं[2] की थान तुम ही थीं
मैं अच्छी तरह पहचान सकता हूँ तुम्हारी आकृति को
जो गहरे घने कुहरे में भी मेरे और नज़दीक आ रही है

तुम सही थीं जो कहती थीं
युद्ध करना है तो प्रेम करो
मैं सिर्फ़ युद्ध के कारकों का विश्लेषण करता था
तुमने प्रेम किया और हम साथ-साथ गोते लगा रहे हैं।

[2014]

1-2. 'सोहराई' और 'दसईं' त्योहार हैं।

तीतर-अस्कल* संवाद

(मुंडारी आदिवासी लोकगीत से प्रेरित)

सुनो हे तीतर! जंगल जल रहा है
सुनो हे अस्कल! पहाड़ टूट रहे हैं

जंगल जल रहा है हम दाना चुगने कहाँ जाएँगे?
पहाड़ टूट रहे हैं हम घर कहाँ बसायेंगे?

हे तीतर! आधा जंगल जल रहा है
हम आधे भाग में दाना चुगने जाएँगे
हे अस्कल! आधा पहाड़ टूट रहा है
हम आधे भाग में घर बसायेंगे

सुनो हे तीतर! भरम में मत रहो
सुनो हे अस्कल! अँधेरे में मत रहो
समूचा जंगल जल रहा है
समूचा पहाड़ टूट रहा है
अब पीछे हटने के लिए और कोई जगह नहीं
अब खिसकने लायक ज़मीन कोई बची नहीं
हम दाना चुगने कहाँ जाएँगे?
हम घर बसाने कहाँ जाएँगे?

* तीतर और अस्कल जंगल के पक्षी हैं।

हे तीतर! अब तो उलगुलान ही रास्ता है
हे अस्कल! अब तो हूल ही उपाय है
उलगुलान के लिए सहचरों की खोज करो
हूल के लिए साथियों का जुटान करो

अब पहले जैसी दुनिया नहीं रही
अब पहले जैसा जीवन नहीं रहा
हे तीतर! दिकू तो हमारे बाहर भी हैं
हे अस्कल! दिकू तो अब हमारे अंदर भी हैं।

रेल से चलते हुए घुड़सवारों की टाप सुनता हूँ

रेल की यात्रा करते हुए
मैं देखता हूँ दूर-दूर तक धान के खेत बिछे हुए हैं
अब धान के हरे रंग सुनहले हो रहे हैं
मेड़ पर किसान चल रहे हैं
उनके साथ उनकी स्त्रियाँ और बच्चे हैं

मेड़ से पानी कल-कल छल-छल बह रहा है
छोटी मछलियाँ नीचे उतर कर धारा में तैर रही हैं
यह सब देखकर रूमानियत उभरती है मन में
लेकिन अचानक मुझे घुड़सवारों की टाप सुनाई देती है

हाँ, रेल से चलते हुए मुझे
घोड़ों के हिनहिनाने की आवाज़ सुनाई देती है
कुछ हथियारबंद लोग उन्हें दौड़ा रहे हैं इन्हीं खेतों में
खेतों के लोग खेती के लिए उनका मुक़ाबला कर रहे हैं
किसी के फ़रमान पर घुड़सवार
ज़मीन और फ़सलों की क़ीमत वसूल रहे हैं
उनकी धरती पर अपने झंडे फहरा रहे हैं
जबकि मिट्टी उनकी गंध को नहीं पहचानती है

बिलकुल यही हुआ होगा सिंधु नदी के तटों पर
गंगा के मैदानों पर

सोन, दामोदर या गोदावरी के तटों पर
किसानी पर पहला हमला इसी तरह हुआ होगा

अब रेल यहाँ से गुज़रती है धड़-धड़ करती हुई
लेकिन मुझे घुड़सवारों की टाप सुनाई देती है
मैं सोचता हूँ ज़मीन न होती, फ़सलें न होतीं
तो क्या घुड़सवार हथियारबंद होकर
निरीह घोड़ों को हिंसा की ट्रेनिंग देते?
आदिवासी पुरखे कहते हैं कि
घोड़ों की रफ़्तार का इस्तेमाल
हिंसक लोगों ने हिंसा की गति बढ़ाने के लिए किया

रेल तेज़ी से पटरी पर दौड़ती है
तेज़ी से छूटने लगते हैं धान के खेत और खेतों के लोग
सभ्यता ऐसे ही दौड़ती जा रही है
घुड़सवार और उनके घोड़े भी पीछे छूट गए
लेकिन एक सवाल हर बार रह जाता है कि
क्या नदी के तटों से हथियारबंद लोग हट गए हैं?
क्या ज़मीन और फ़सलों पर दख़लंदाजी बंद हो गई है?

अब पटरियाँ इतनी बिछाई जा चुकी हैं कि
रेलें अन्तहीन दौड़ती हैं रोज़ और
टापों की आवाज लगातार तेज़ होती जाती है
मैं देखता हूँ कि लोग रेल पर नहीं सभ्यता पर सवार हैं ।

मुंडा चौक पर दातुन बेचतीं औरतें

राँची के मुंडा चौक पर औरतें दातुन बेचने बैठी हैं
वे सुबह होने का इन्तज़ार कर रही हैं

अभी-अभी एक ट्रेन दिल्ली से राँची पहुँची है
कुछ बसें पटना से राँची पहुँच रही हैं और
कुछ लोग हैं जो चिड़ियों के साथ चहलक़दमी शुरू कर रहे हैं
औरतें उनकी ओर उम्मीद के साथ देख रही हैं
उनके झोले को देखकर वे उत्सुक हैं
उन्हें लगता है उनका सूरज वहीं कहीं से उगने वाला है

जबकि अभी सूरज उगा नहीं है
वे होने सुबह का इन्तज़ार कर रही हैं
सुबह होगी और लोगों को उनके दातुन की तलब होगी
वे जानती हैं कि जुबान के साथ ही
दाँतों का साफ़ होना ज़रूरी है
वे सयानी हैं और उनकी भाषा तरल है

औरतें दातुन बेच रही हैं
उन्हें देखकर किसी भी खुटखट्टी[1] आदमी को
अजीब लग सकता है कि
जिस ज़मीन के लिए बिरसा मुंडा ने क़ुर्बानी दी
उसी ज़मीन पर उनकी नस्लें दातुन बेच रही हैं

1. खुटखट्टी अर्थात् जंगल साफ़ कर गाँव बसाने वाले लोग, मूल बाशिन्दे।

दिकू कहते हैं कि ये नस्लें बंजर हैं
और इसीलिए ये कहीं उग नहीं पातीं
कहने को तो ये लोग सिंधु नदी घाटियों में रहे
पाँच नदियों के संगम में बसे
फिर गंगा और सोन नदी को लाँघते हुए
इन जंगली पठारों में बस गए
लेकिन बंजर ही रहे
कहाँ हैं इनकी फलदार फ़सलें?
हिकारत की भाषा से सहम जाती हैं औरतें
उनके हाथों में नहीं है कोई बड़बोला विज्ञापन

औरतें दातुन बेच रही हैं और
सुबह होने का इन्तज़ार कर रही हैं
इतिहास हवा में साँय-साँय करता हुआ तैर रहा है
वे सखुआ, नीम और करंज के दातुन से
शहर को झकझोर रही हैं कि
वह पेड़ों के बिना नंगा है और
दातुन के बिना उसकी भाषा में दुर्गन्ध है

यह राँची का मुंडा चौक है और
यहाँ सूरज पूरब में नहीं
दातुन बेच रही औरतों की आँखों मे तैर रहा है।

घड़ी की बात

कवि केदारनाथ सिंह ने
बचपन में जिस स्कूल में पढ़ाई की थी
उस स्कूल में घड़ी नहीं थी
घड़ी नहीं थी इसका मतलब यह नहीं था कि वहाँ समय नहीं था
जब वहाँ दुपहरिया के लाल-लाल फूल खिल जाते थे
तब उनके स्कूल में दोपहर के खाने की छुट्टी होती थी

जिन दिनों बचपन में हम दोस्तों के साथ नदी-नदी घूमते थे
या जंगलों में शिकार के लिए जाते थे
तब भी हमारे पास घड़ी नहीं हुआ करती थी
लेकिन इसका मतलब यह नहीं था कि हमारे पास समय नहीं था
जब पेड़ों की परछाई अपने पैर के नीचे सिमट जाती थी
तब हम जान जाते थे कि दोपहर हो गयी है

इसी तरह काम के दिनों में हमारे पास अपना समय था
उस समय का अपना रंग था
हमने अपने को उसके अंदर रच लिया था
उस समय की एक सूई थी जिसमें हर कोई सवार था
उसी से दिन-रात होते थे और सदियों से यह चला आ रहा था

लेकिन हमारे घरों में घड़ी न पाकर
हमें समय बताने वालों ने बहुत बड़ी ग़लती की है
हमारी कलाई में घड़ी नहीं देखकर

हमें आदिम समझने वालों ने बहुत बड़ी भूल की है
उन्होंने समझा कि हमारी दुनिया में घड़ी नहीं है
और उन्होंने अपना समय हम पर थोप दिया

मैं हैरान हूँ उन सभ्य लोगों की चालाकियाँ जानकार
उन्होंने घड़ी की बात कहकर
चंदौली वालों को अपना समय दिया
उन्होंने बस्तर के माथे पर अपनी घड़ी ठोंक दी और
साखू के पेड़ों पर लोहे की सूई लटका दी
आज जबकि हमारी घड़ी और उनकी घड़ी की सूई
भीषण तरीक़े से टकरा रही है
तब मैं समझता हूँ कि वे हमसे छीन रहे हैं हमारा समय
और हम उसे बचा रहे हैं

'एक घड़ी की ही तो बात है', कहकर
मैं घड़ी की बात को नज़रअन्दाज़ नहीं कर सकता
यह समय है जिसमें दर्ज है इतिहास में की गयी साज़िशों का लेखा-जोखा
यह घड़ी अभी भी मेरी और आपकी आँखों में चल रही है।

अरब के लिए कविता

अरब के देशों को मैं अरब होने से जानता हूँ
मुसलमान होने से नहीं
कोई कहता है यह रेत और ऊँटों वाला देश है
कोई कहता है यह खजूरों का देश है
कुछ कहते हैं यह तेल से भरा देश है और
इसलिए यहाँ आग लगने की संभावना ज़्यादा है

अरब को अरब होने की तरह देखना अब चुनौती है
लैला को लैला की तरह और
मजनू को मजनू की तरह देखना कितना मुश्किल हो चुका है यहाँ
अब यह एक भूखंड है जो नाभिकीय हथियारों की गिरफ़्त में है
आज़ादी और प्रेम यहाँ बारूद में घुल गए हैं

मैं सूफ़ियों और दरवेशों वाले देश के बारे में सुनता हूँ कि
युद्ध के कारोबारी यहाँ सभ्यताओं के संघर्ष का बीज बोना चाहते हैं
वे धर्म की पताका की छाँव में अपना व्यवसाय तलाशते हैं
मुझे उनसे असहमति है और कहना है कि
मुल्क और मजहब की लकीरों के पार एक अरब है कविताओं में
उसे वहाँ से देखो, अरब को ग़ज़लों में गाकर देखो
वहाँ दजला और फ़रात का पानी अब भी मीठा है

मैं अरब के लिए कविता में लौटना चाहता हूँ।

बुलेट ट्रेन पर समर्थन मूल्य की बात

अब जबकि लोगों ने बुलेट ट्रेन पर अपनी सहमति दे दी है तो
वे फ़सलों के झूमने की बात नहीं करेंगे
फ़सलें भी घर बसाती हैं अब इस बात पर लोग ग़ौर नहीं करेंगे
और चिड़ियों का मरना उनके लिए त्रासदी नहीं होगी

यह समय ही ऐसा है कि व्यवसाय जीत गया है और
भगवान अपने घर वापस लौट आए हैं
संन्यासी और धर्मज्ञ शासन कर रहे हैं
इसलिए खेतों के दुःख की बात अविश्वसनीय है
जिन्हें खलिहानों के बिकने का डर है
दरअसल वे भगवान के होने पर सन्देह कर रहे हैं
इसलिए उन्हें क़ैदख़ाने का रास्ता दिखाया जाएगा

जो ज़मीन को जोतता और कोड़ता है
उसे मालिकाना दावे का हक़ नहीं
जो बीज बाज़ारों में बेचता है उसी की उर्वरता बढ़ेगी
और वही होगा मालिक
मसलन कि ज़मीन के पट्टों की बात उतनी वाजिब नहीं रही
जितनी कि पेटेंट क़ानूनों की बात है

जो सड़कों पर हैं, वे जानते हैं यह सबकुछ
और इसलिए वे सड़कों पर हैं
नहीं तो वे किसी देव-थान के शिलान्यास कार्यक्रम में होते

या लाल क़िले में होते
जैसे कि आजकल के जनसेवक दिखाई देते हैं

किसान होना महज़ किसान क्रेडिट कार्ड
हासिल कर लेना नहीं है
जैसे कि बैंकर होना एटीएम कार्ड हासिल कर लेना है
यह मिट्टी के हत्यारों को पहचानने की योग्यता है

महज समर्थन मूल्य की बात करके
सूरज का परचम ढोने वालों को फुसलाया नहीं जा सकता
जब जहरीली रसायन मिट्टी में घुलती है
तब उनकी आँखें सुलगती हैं
वे मिट्टी की उम्र बचाने वाले लोग हैं

भले ही आज लोगों ने बुलेट ट्रेन पर अपनी सहमति दे दी हो
लेकिन किसान के कंधों से सूरज का परचम गिरता नहीं है।

सीरिया

मुझे युद्ध के साये में पल रहे बच्चों की चिंता है
मुझे उन औरतों की फ़िक्र है जो अपने घरों को पलकों में टिकाये हुए हैं
और उनके इर्द-गिर्द मिसाइलें गिर रही हैं
शरणार्थी शिविरों को देख कर मेरे पैरों से ज़मीन बार-बार खिसक रही है

मैं एक ऐसी सदी का आदमी हूँ जो
युद्ध से लाभ उठाते लोगों को देखने के लिए विवश हूँ

मैं सीरिया हूँ, मैं विवश हूँ
मुझे युद्ध में नहीं जाना है लेकिन मुझे अपना घर बचाना है।

सावधान! अफ़ग़ानी नदी में मछलियों का इतिहास है

अफ़ग़ानिस्तान जाने वालों को सावधान करता हूँ
सावधान! अफ़ग़ानिस्तान में पख़्तूनों के बसेरे उजड़ रहे हैं
पख़्तूनों के चेहरे पर काला कपड़ा ढँक दिया गया है
कुछ लोग कहते हैं यह उनके चेहरे पर परदा है
कुछ कहते हैं यह नकाब है और सारे पख़्तून नकाबपोश हो रहे हैं

सावधान! अगर आप अफ़ग़ानिस्तान जाना चाहते हैं तो
आप अपने बनाए रास्ते पर जाइए
पहले से बने रास्तों पर लोग न अफ़ग़ानिस्तान पहुँच रहे हैं
न ही पश्तो की लय समझ पा रहे हैं
यह आग और पानी और फूल से घिरा समय नहीं है
यह बारूद और बारूद और बारूद से लिपटा समय है
जिसकी शान्ति वार्ता में महिलाओं का भविष्य बंजर हो रहा है

सावधान! अगर आप अफ़ग़ानिस्तान जाना चाहते हैं तो
टैगोर की तरह किसी काबुलीवाले से हाथ मिलाइए
या इन्तज़ार करिए किसी अफ़ग़ान के जन्म लेने का
जो इतिहास की सरहदों को तोड़ता हुआ आपसे मिले

सावधान! अगर आप तालिबानी हैं
सावधान! अगर आप अमेरिकी हैं
सावधान! अगर आप सोवियत हैं
सावधान! आप अफ़ग़ानी नदी को बूटों से पार मत करिए।

इराक़

कितना दुखद है इराक़ होना
एक राजनीतिज्ञ कहता है
और वह विज्ञापनों में छप जाता है

कितना सुखद है इराक़ होना
एक कवि कहता है और गिरफ़्त हो जाता है

इराक़ होना न अमेरिका होना है
और न बुश होना है
इराक होना 'इराक़' होना है
अरब की नाक होना है।

मार्क्स-बिरसा संवाद

हे मार्क्स! तुम जंगलों के बारे में क्या सोचते हो?
हे एंगेल्स! तुम आदिवासियों के बारे में क्या जानते हो?

हे बिरसा! जंगल तो संसाधन है सभ्यता के लिए
हे धरती आबा! आदिवासी तो पिछड़ी हुई अवस्था है

हे मार्क्स! तुम अखड़ा के बारे में क्या सोचते हो?
हे एंगेल्स! तुम मांदल के बारे में क्या जानते हो?

हे बिरसा! अखड़ा तो श्रम की उपज है
हे धरती आबा! मांदल तो अधिरचना है

हे मार्क्स! तुम घोटुल के बारे में क्या सोचते हो?
हे एंगेल्स! तुम सहजीविता के बारे में क्या जानते हो?

हे बिरसा! घोटुल तो आदिम संस्था है
हे धरती आबा! सहजीविता तो कम्यून का दर्शन है

हे मार्क्स! अगर सहजीविता कम्यून का दर्शन है
हे एंगेल्स! अगर सहचरों के बिना कम्यून संभव नहीं
तो फिर हमें असभ्य क्यों कहा जाता रहा?

क्यों हमारे गीतों को बेसुरा कहा गया?
क्यों हमारी लय ठुकराई जाती रही?

हे बिरसा! तुम्हारी चेतना तुम्हारे अस्तित्व की उपज है
हे धरती आबा! तुम्हारे विचार सर्वहारा तक पहुँचे।